AI STUDIOS
by DEEPBRAIN AI

보다 쉽고

보다 빠르고

영상을 만들어 드립니다.

초판 발행 2025년 3월 3일
지은이 장세영, 안창현
기획 서유미 **감수** 서유미 최민진 황시내
북 디자인 Micky Ahn **교정 교열** 민혜정
펴낸이 안창현 **펴낸곳** 코드미디어
등록 2001년 3월 7일 **등록번호** 제 25100-2001-5호
주소 서울시 은평구 갈현로 318-1 1층 **전화** 02-6326-1402 **팩스** 02-388-1302
전자우편 codmedia@codmedia.com

ISBN 979-11-93355-30-5 13000

정가 30,000원

이 책의 판권은 지은이와 코드미디어에 있습니다.
잘못 만들어진 책은 교환해드립니다.

ⓒ 생성형 AI, AI STUDIOS로 인공지능 영상 제작 더 쉽고 더 빠르게, 2025

안녕하세요, 독자 여러분.

오늘날 우리는 인공지능과 디지털 기술이 주도하는 새로운 콘텐츠 제작 시대에 살고 있습니다. AI 기반 영상 합성 플랫폼은 이러한 흐름 속에서 창작의 문턱을 낮추어, 누구나 쉽고 빠르게 자신만의 이야기를 영상으로 표현할 수 있도록 돕고 있습니다.

이 책은 딥브레인AI의 [AI STUDIOS]를 활용하여 영상 콘텐츠를 더욱 효과적으로 제작하는 방법을 안내하는 실용서입니다. 초심자부터 숙련자까지 누구나 이해할 수 있는 명쾌한 설명과 실전 팁을 통해 창작의 벽을 허물고, 아이디어가 현실로 구현될 수 있도록 돕고자 합니다. 특히 AI 아바타를 활용하여 텍스트만으로도 자연스러운 동영상을 쉽게 제작할 수 있는 방법과, 자동 생성 기능을 활용하여 복잡한 영상 편집 과정을 간소화할 수 있는 실질적인 노하우를 제공합니다.

영상 제작은 더 이상 전문가들만의 영역이 아닙니다. [AI STUDIOS]와 같은 도구를 통해 누구나 몇 번의 클릭과 입력만으로 고품질 영상을 제작할 수 있는 시대가 되었습니다. 이 책은 AI 기술을 활용해 시간과 노력을 절약하면서도 원하는 콘텐츠를 실현할 수 있도록 돕고, 여러분의 아이디어가 보다 생생하게 표현되도록 지원합니다.

기술이 일상 속에 스며든 지금, 자신만의 창의력과 메시지를 세상에 전하고 싶은 모든 분들을 위한 여정을 함께 시작해 보세요. 여러분이 만드는 콘텐츠가 빛나기를 응원합니다.

딥브레인AI 대표
장세영 드림

Part 1 [AI STUDIOS] 기초 영상 제작 테크닉

1. 일상생활에서 인공지능 — 12
2. AI 생성형에 대해서 — 14
3. AI를 이용하는 영상 제작 도구 [AI STUDIOS] — 18
4. [AI STUDIOS]로 할 수 있는 작업 — 20
5. [AI STUDIOS] 회원가입하고 메뉴 살펴보기 — 24
6. 텍스트 입력으로 영상 제작하고 저장하기 — 32

| 1 | 영상 촬영하여 내 아바타 만들기 | 44 |

　　내 모습 아바타 영상 만들기
　　영상 저장하기

| 2 | 이미지와 제스처 액션으로 소개 영상 만들기 | 50 |

　　예쁜 모델 선택하기
　　내가 만든 이미지로 영상 꾸미기
　　손동작 제스처 액션 넣기

| 3 | 10초 만에 AI 음성 만들고 영상에 텍스트 넣어서 꾸미기 | 56 |

　　내 목소리로 AI 음성 만들기
　　모델 편집하고 발음 교정하기
　　텍스트 추가해서 꾸미기

| 4 | 배경 음악이 연주되는 세로 보기 영상 만들기 | 63 |

　　세로 보기 영상 만들기
　　배경이 있는 텍스트 만들기
　　영상에 배경 음악 넣기

| 5 | 캡션과 예쁜 폰트 사용해서 랜드마크 소개 영상 만들기 | 70 |

　　모델을 얼굴만 표시하기
　　배경 이미지 넣고 내레이션 상자 만들기
　　영상에 캡션 달기
　　폰트 파일 추가해서 예쁜 폰트 사용하기

| 6 | 장면 추가해서 명상 영상 만들기 | 78 |

　　배경에 동영상 삽입해서 꾸미기
　　장면 추가하고 장면 전환 효과 주기
　　잠시 쉬었다가 진행되는 내레이션 꾸미기

7 템플릿을 편집해서 회사 소개 영상 만들기　　　　　　84

　　　템플릿으로 영상 꾸미기
　　　템플릿 장면 마음대로 꾸미기
　　　회사 로고 이미지 등록하기

8 이미지가 나타나고 움직이는 상품 판매 영상 만들기　　　90

　　　TV 속에 쏙 들어가는 이미지 만들기
　　　이미지가 나타나고 움직이는 효과 만들기

9 번쩍거리는 텍스트 효과를 넣어 상품 소개 영상 만들기　　96

　　　AI 이미지 생성으로 이미지 제작하기
　　　텍스트가 날아다니는 효과 만들기
　　　애니메이션 효과 만들기

10 두 명의 모델이 대화하면서 소개하는 이야기 영상 만들기　104

　　　단색 배경으로 꾸미기
　　　도형을 이용하여 로고 만들기
　　　모델 추가해서 꾸미기
　　　모델이 서서히 나타나게 꾸미기

11 좋아요 구독 알림 설정 애니메이션 만들기　　　　　　　112

　　　로고에 화살표 표시하는 애니메이션 만들기
　　　순서대로 아이콘이 나타나게 만들기
　　　텍스트 순서대로 나타나게 만들기

12 AI 텍스트 생성으로 이야기 소개 영상 만들기　　　　　120

　　　AI 텍스트 생성으로 인트로 구성 작성하기
　　　AI 이미지 생성으로 이야기 장면 꾸미기
　　　캡션을 넣어 이야기 꾸미기

Part 3 [AI STUDIOS] 활용 영상 제작 테크닉

1 이미지로 영상 명함 만들어서 주변 사람들에게 공유하기 … 130
  이미지로 영상 만들기
  음악 파일 등록해서 배경 음악 넣기
  영상 공유하기
  일본어 명함 만들기

2 [AI 더빙]으로 중국어로 말하는 스티브 잡스 영상 만들기 … 140
  [AI 더빙]의 특징
  [AI 더빙]으로 영어 음성을 중국어로 바꾸기

3 원클릭과 프로젝트 번역으로 다국어 영상 만들기 … 144
  프로젝트 번역으로 프랑스어 번역하기
  원클릭 번역으로 일본어와 독일어로 번역하기

4 지인 이름이 표시되는 영상 메시지 보내기 … 148
  지인들에게 영상 메시지 보내기

5 모니터 화상 녹화해서 리뷰 영상 만들기 … 152
  모니터 화상 녹화하기
  모니터 녹화 영상 편집하고 꾸미기
  PC 화면만 녹화해서 발표 영상 만들기

6 파워포인트 자료로 빠르게 영상 만들기 … 160
  파워포인트 문서를 영상으로 변환하기
  음성, 내레이션 넣어서 각 장면 꾸미기
  영상 미디어 넣어서 꾸미기

7 AI로 MS 워드 문서를 보다 스마트한 영상으로 만들기 … 166
  파일 배경으로 문서를 영상으로 변환하기
  요소 정리하기
  이미지 교체하고 정렬하기

8 AI로 대본 만들어서 정보 제공 영상 만들기   **174**

    AI로 영상 대본 만들기
    장면 추가하고 대본 분배하기
    동영상 배경이 있는 영상 꾸미기

9 홈페이지 정보로 빠르게 영문 동영상 콘텐츠 만들기   **182**

    홈페이지 정보로 동영상 만들기
    도형을 이용하여 멋지게 장면 꾸미기
    애니메이션을 이용하여 멋진 효과 만들기
    AI로 영상 대본 만들기

10 크로마키 영상을 이용하여 세일 상품 소개 영상 만들기   **192**

    크로마키 영상 만들기
    투명 처리된 상품 이미지 등록해서 꾸미기
    내레이션 작성하고 애니메이션 효과 넣기
    자연스럽게 연결되는 두 번째 장면 만들기

11 릴스용 동영상 하이라이트 영상 만들기   **200**

    인터넷 동영상 다운로드 받기
    동영상 요약해서 짧은 영상 만들기

12 여러 개의 영상을 한 번에 손쉽게 만들기   **206**

    [대량 합성] 속성 설정하기
    생성형 AI로 콘텐츠 만들기
    대량 합성으로 여러 개 영상 만들기

13 자동으로 매일 경제 상식 영상 만들기   **212**

    [소셜 영상 자동화] 옵션 설정하기
    [소셜 영상 자동화] 영상 확인하기

[AI STUDIOS]에서 제공하는 메뉴 소개   **216**

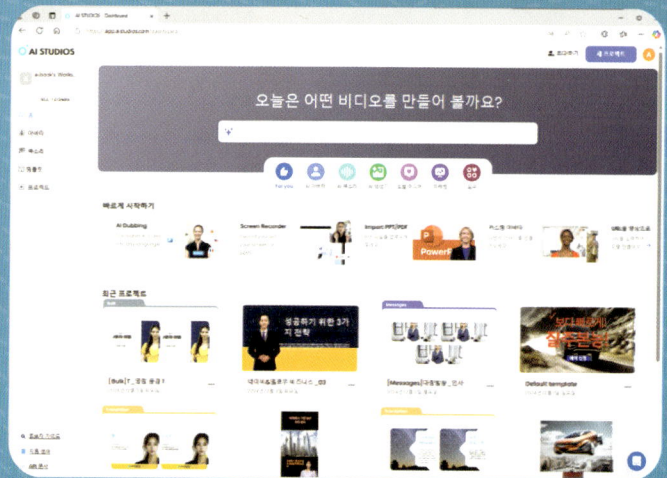

https://app.aistudios.com

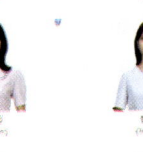

AI STUDIS에서 제공하는 AI 모델들

part 1
[AI STUDIOS]
기초 영상 제작 테크닉

PART 01
01 일상생활에서 인공지능

#인공지능 #AI

인공지능은 AI_{Artificial intelligence}를 뜻합니다. 사전적인 뜻으로 인간의 인지, 추론, 판단 등의 능력을 컴퓨터로 구현하기 위한 기술 혹은 그 연구 분야 등을 총칭하는 용어(두산백과)를 말합니다.

인공지능이라는 단어와 함께 OpenAI라는 명칭도 한 번쯤 들어 보셨을 거예요. OpenAI는 인공지능을 연구하는 비영리 연구소로 최근에 이슈된 Chat-GPT나 DAll-E를 개발한 곳으로도 유명합니다. 그만큼 인공지능을 이야기할 때 빼놓을 수 없는 이름이죠. 인공지능에 대해서 알아보기 전에 OpenAI는 어떤 단체인지 살펴보겠습니다.

OpenAI는 인류에게 이익이 되는 안전하고 유익한 인공지능을 만드는 것을 사명으로 2015년에 일론 머스크_{OpenAI 공동설립자, 2018년 사임}, 샘 앨트먼_{OpenAI CEO}, 그렉 브록맨_{OpenAI CTO}, 일리야 서츠케버_{OpenAI COO}, 존 슐먼_{OpenAI 공동설립자} 등을 포함한 기술계 명사들에 의해 공동 설립되었습니다.

연구 내용으로는 자연어 처리, 컴퓨터 비전, 강화 학습, 로봇 공학 등을 포함한 인공지능 내의 광범위한 주제를 다루는데 이 단체는 매우 일관성 있고 유창한 언어를 생성할 수 있는 GPT 언어 모델 시리즈를 개발한 것으로 가장 잘 알려져 있습니다.

공개된 인공지능에는 글을 생성하는 GPT 언어 모델, 알파고와 같은 인공지능 기술인 OpenAI, GPT를 기반으로한 인공 지능 프로그램 모델인 Codex, 그림을 그리는 인공지인 기술인 DAll-E, GPT 3.5를 기반으로 하는 대화형 인공지능 서비스인 Chat-GPT 등이 있습니다.

이와 같이 OpenAI에서부터 시작된 인공지능이 지금은 수많은 AI 서비스들을 만드는 계기가 되었습니다. 텍스트 기반 AI는 이미지 생성 AI, 동영상 생성 AI, 음성 제작 AI 등 다양한 형태로 발전되고 있습니다.

특히 동영상 AI의 발전은 놀랄 만한 성과가 아닐 수 없습니다. 부자연스러운 움직임, 짧은 영상으로 아직은 생산성이 높지 않은 영역이었으나 최근 괄목상대하여 등장한 OpenAI의 Sora AI는 기존 동영상 AI의 선입관을 깨기 충분했습니다. 예전보다는 길어 졌다고 하더라도 여전히 영상 길이는 짧은 편이지만 결과물이 매우 자연스럽기 때문에 앞으로의 동영상 AI의 기대감을 높이고 있습니다.

앞에서 소개한 AI 기술은 다양하게 발전되어 이미지, 동영상, 음성 생성을 이용한 동영상 제작 기술로도 개발되고 있습니다. 여기서 소개할 AI Studios도 다양한 형태의 동영상을 제작해주는 솔루션입니다. 텍스트만 입력해서 빠르게 영상을 만들 수 있기 때문에 유튜브 및 광고 영상 등 다양한 방법으로 활용할 수 있습니다. 특히 모델을 이용한 영상은 마치 아나운서를 고용해서 제작한 영상처럼 고품질의 영상을 만들어 줍니다.

PART 01

02 AI 생성형에 대해서

#텍스트 생성 #이미지 생성 #음성 생성 #영상 생성

인공지능이 대세인 요즘 AI 생성형이라는 단어를 많이 들어 봤을 거예요. AI 생성형이란 데이터를 학습하여 콘텐츠를 만드는 인공지능을 말합니다. 마치 사람의 뇌처럼 수많은 자료를 기억하고 분석해서 데이터로 만들어 두고 사용자가 질문을 내리면 데이터를 이용하여 결과물을 만들어내는 방식입니다. 저장된 데이터를 찾아서 출력하는 이전 컴퓨터 방식에서 벗어나 알고리즘으로 생각하고 분석해서 결과물을 만들어내기 때문에 보다 인간의 뇌와 비슷한 성격을 가지고 있습니다. 사용자가 입력한 질문을 쪼개어 분석한 뒤 기존에 학습했던 내용을 토대로 단어들 간의 상호관계를 파악해 가장 가능성이 높은 것들을 배치해 답변을 만들어내는 방식입니다. 이 모델은 다양한 형태의 질문을 받아들일 수 있고 자유로운 답변을 할 수 있게 됩니다.

예를 들어 스티브 잡스의 아이폰과 아이패드에 대해서 묻는다면 AI는 미리 스티브 잡스의 출생, 스티브 잡스의 삶 등의 자료를 패턴화해서 생성해둔 자료에서 질문에 알맞은 자료를 가져와서 출력해줍니다. 이러한 AI 생성형은 어떻게 사용하는가에 따라 다양한 콘텐츠를 생산할 수 있습니다. 그럼 자주 사용하는 AI 생성형에는 어떤 것들이 있는지 알아보겠습니다.

텍스트 생성

가장 대표적인 생성형 도구는 텍스트형입니다. 텍스트형 생성 도구는 사용자가 텍스트로 질문을 하면 학습된 데이터를 이용하여 텍스트로 답변을 해주는 방식입니다. 예를 들어 '전쟁과 사랑에 관련된 이야기를 만들어줘'라고 질문을 주면 AI가 그럴듯하게 이야기를 만들어 줍니다. 이러한 이야기 생성 이외에 수학 계산, 프로그래밍, 보고서 작성 등 텍스트로 표현할 수 있는 다양한 일을 할 수 있습니다. 특히 유튜브 영상을 제작할 때는 이야기 구성에 많은 도움을 받을 수 있습니다. 대표적인 도구에는 Chat-GPT, 뤼튼 등이 있습니다. [AI STUDIOS]는 [텍스트 생성기]로 텍스트 생성 서비스를 제공합니다.

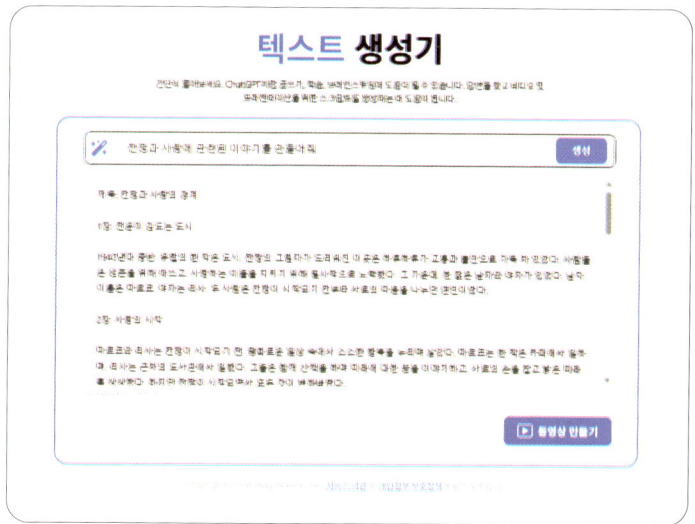

이미지 생성

이미지 생성은 사용자가 텍스트로 만들고 싶은 이미지를 설명하면 AI가 데이터를 분석해서 이미지로 결과물을 만들어주는 방식입니다. 명령을 통해 실사 이미지부터 만화, 캐리커쳐 등 다양한 형태의 그림을 만들 수 있기 때문에 텍스트 생성과 함께 가장 많이 사용되고 있는 생성형 도구입니다. 영상 제작에는 이미지 스톡으로 원하는 이미지를 찾을 수 없을 때 주로 사용합니다. 사용자가 생각하는 이미지를 만들 수 있다는 것이 큰 장점입니다. 대표적인 툴로는 미드저니, Dall-E 등이 있습니다. [AI STUDIOS]는 [Image Generator]로 이미지 생성 서비스를 제공합니다.

음성 생성

음성 생성은 AI를 이용하여 사용자가 텍스트를 작성해서 제출하면 AI 음성으로 만들어주는 도구를 말합니다. 음성 생성을 이용하면 성우를 섭외하거나 별도로 녹음을 하는 거창한 작업을 거치지 않아도 다양한 음성을 만들 수 있는 장점을 가지고 있습니다. 보통 영상을 제작할 때 내레이션용으로 많이 사용합니다.

상황에 따라 목소리가 부자연스러울 수는 있지만 꾸준한 기술 개발을 통해 지금은 상당히 자연스러운 목소리를 만들어 내고 있습니다. 또한 어린이 목소리부터 청년, 노인 등 다양한 음성을 만들 수 있다는 점이 가장 큰 장점입니다. [AI STUDIOS]는 한국어를 비롯하여 다양한 전세계 언어를 지원하는 음성 생성 서비스를 제공합니다.

영상 생성

영상 생성은 텍스트 작성·문서 업로드·웹페이지 주소 입력으로 관련 영상을 만들어 주는 도구를 말합니다. 영상 생성은 앞서 소개한 텍스트, 음성, 이미지 생성 모두 이용하는 종합적 기술로 생성형 중 가장 어려운 기술 중 하나입니다. 최근에는 비록 영상 길이는 짧지만 보다 자연스러운 영상을 제작할 수 있는 수준까지 발달했습니다. [AI STUDIOS]는 [Video Generator]로 비디오 생성 서비스를 제공합니다.

또한 [AI STUDIOS]는 AI 모델을 제공하여 다양한 제스처뿐만 아니라 내레이션에 맞춰 자연스럽게 입 모양도 움직이는 애니메이션을 연출합니다.

03 AI를 이용하는 영상 제작 도구 [AI STUDIOS]

PART 01

AI STUDIOS

[AI STUDIOS]는 앞에서 소개한 모든 생성형 AI 도구를 이용하여 영상을 제작해주는 도구입니다. 단순하게 텍스트 입력만으로도 손쉽게 동영상을 제작할 수 있지만 [AI STUDIOS]에서 제공하는 이미지, 도형, 동영상, 음성, 텍스트 요소들을 이용하여 동영상을 만들 수도 있게 해줍니다.

특히 모델을 이용한 영상은 마치 아나운서를 고용해서 제작한 영상처럼 고품질의 영상을 만들어 줍니다. 이때 입 모양도 음성에 따라 자연스럽게 움직이는 것이 [AI STUDIOS]의 특징이라고 할 수 있습니다.

[AI STUDIOS]는 작업할 영상이나 음성을 따로 준비해야 할 뿐만 아니라 타임라인을 이용하여 복잡한 영상 편집을 해야 하는 전문 영상 편집 도구인 어도비 프리미어와 달리 보다 빠르고 편리하게 작업할 수 있도록 해줍니다.

(좌)어도비 프리미어와 (우)[AI STUDIOS] 편집 화면

    [AI STUDIOS]는 시간별로 영상을 꾸미는 타임라인이 아니라 간단하게 장면으로 나누어서 화면을 구성하여 보다 직관적으로 편집할 수 있도록 하였습니다. 그리고 해당 장면에 사용자가 표현하고 싶은 이미지, 도형, 텍스트, 모델, 사운드를 넣어서 꾸미면 되기 때문에 어려운 편집 기술도 필요 없습니다. 여기에 [AI STUDIOS]에서 제공하는 이미지, 동영상 생성 도구를 이용하여 직접 자료를 제작하거나 유명 스톡 업체인 픽사베이, 셔터스톡에서 제공하는 이미지, 동영상, 음악 자료를 이용할 수도 있습니다.

    그리고 [AI STUDIOS]의 특별한 특징은 웹브라우저에서 동작한다는 사실입니다. 인터넷이 되는 곳이라면 언제든지 로그인하여 동영상을 편집할 수 있습니다. 별도로 프로그램을 설치할 필요 없이 이용할 수 있을 뿐만 아니라 이전에 작업했던 내용이 기록되어 있어서 이어서 작업이 가능합니다.

    그뿐만 아니라 [AI STUDIOS]는 다국어에 맞춰 있습니다. 다양한 다국어를 지원하여 전세계 언어에 맞춰 영상을 제작할 수 있습니다. 외국어를 몰라도 AI STUDIOS가 알아서 번역을 해주기 때문에 언어만 선택하면 해당 언어로 번역되고 내레이션도 해당 언어로 바뀝니다. 해외를 대상으로 하여 다국어가 필요한 유튜버라면 유용하게 사용할 수 있습니다.

    이와 같이 [AI STUDIOS]는 사용자 중심에 맞춰 쉽고 빠르게 영상을 제작해주는 도구로 영상을 제작하는 회사, 유튜버, 광고 업체들에게 많은 도움이 되리라 생각합니다.

PART 01
04 [AI STUDIOS]로 할 수 있는 작업

#[AI STUDIOS] 특징

[AI STUDIOS]는 매우 쉽고 빠르게 영상을 만들게 도와주는 도구입니다. 여기서는 [AI STUDIOS]로 어떤 작업을 할 수 있는지 알아보겠습니다.

텍스트 입력만으로 영상 제작!

[AI STUDIOS]는 간단하게 몇 번의 버튼 클릭만으로 영상을 제작할 수 있습니다. 내용, 이미지, 영상 모두 AI 자동화를 통해 별도의 수고 없이 영상을 제작할 수 있습니다.

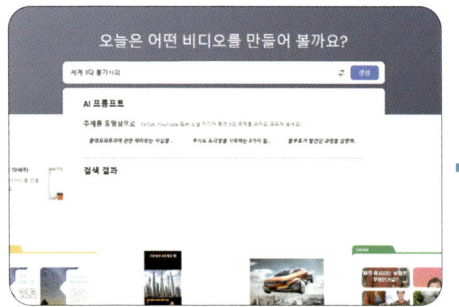 

내레이션 모델로 표현!

[AI STUDIOS]의 가장 큰 장점은 AI 모델입니다. 마치 아나운서처럼 멋진 모델을 사용자가 선택할 뿐만 아니라 음성도 내 마음대로 골라서 꾸밀 수 있습니다. 그리고 음성에 따라 모델의 입 모양과 제스처도 자연스럽게 움직이는 것이 큰 장점입니다.

홈페이지를 영상으로!

[AI STUDIOS]는 홈페이지의 내용을 AI로 분석해서 자동으로 영상을 만들어 주는 기능을 제공합니다. 예를 들어 주식에 대한 새로운 정보가 발표되었다면 해당 정보를 담은 홈페이지의 주소만 입력하면 [AI STUDIOS]가 알아서 영상을 만들어 줍니다. 약간의 수정만 가하면 멋진 영상이 만들어지므로 매우 편리한 기능입니다.

 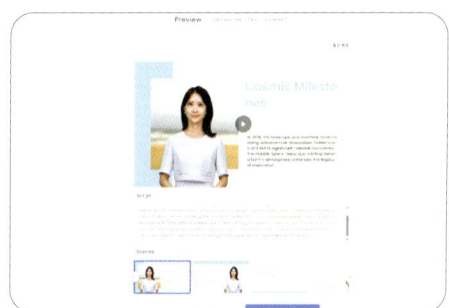

워드 문서를 영상으로!

[AI STUDIOS]는 워드 또는 PDF 문서를 불러오기만 하면 영상으로 만들어 줍니다. 영상 대본을 작성한 후 [AI STUDIOS]로 불러오면 알아서 대본도 수정해서 장면을 만들고 관련 영상과 내레이션까지 작성해서 영상을 제작해 줍니다.

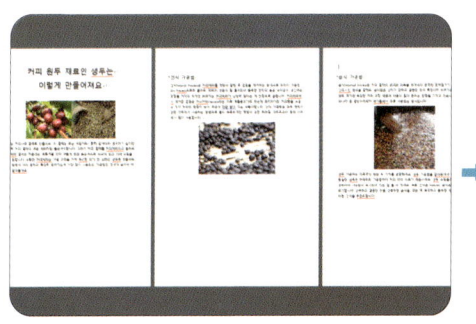 

사진을 영상으로!

정지된 사진을 [AI STUDIOS]는 영상으로 만들 수 있습니다. 만일 인물 사진을 넣으면 내레이션에 맞춰 입 모양이 자연스럽게 움직이게 만들 수 있습니다.

텍스트, 음성, 이미지, 영상 생성 제작!

[AI STUDIOS]는 AI 생성형 기능을 제공하여 텍스트뿐만 아니라 이미지, 음성, 영상까지 제작이 가능합니다. 다른 서비스를 이용하지 않아도 [AI STUDIOS]만으로 충분히 이용이 가능합니다.

유튜브 자동화 영상 제작!

[AI STUDIOS]는 제작할 영상의 주제만 정해두면 AI를 이용하여 영상 내용부터 모든 부분을 알아서 제작해줍니다. 제작 주기도 정할 수 있어서 매일, 또는 매주마다 자동으로 영상 제작을 할 수 있게 만들 수 있습니다. 주기적으로 영상을 제작하는 유튜버에게 매우 편리할 수 있는 기능을 제공합니다.

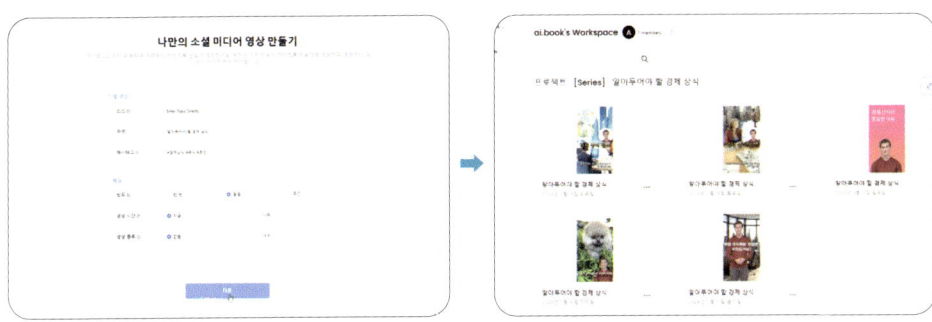

클릭 한 번으로 다국어 변환!

[AI STUDIOS]의 가장 큰 장점은 다국어 지원입니다. 기본으로 한국어로 작성하지만 언제든지 영어를 비롯하여 일본어, 중국어 등 130여 가지 언어를 지원하여 영상에 사용되는 텍스트뿐만 아니라 내레이션까지 모두 선택한 언어로 바꾸어 줍니다. 이 작업이 단지 클릭 한 번으로 작업이 가능하다는 점이 큰 장점입니다.

PART 01

05 [AI STUDIOS] 회원가입하고 메뉴 살펴보기

#회원가입 #홈 #아바타 #목소리 #템플릿 #아바타 #프로젝트 #요금제

[AI STUDIOS]를 사용하기 위해서 홈페이지에 접속해서 로그인하고 [AI STUDIOS] 홈페이지의 메뉴와 구조들을 살펴보겠습니다.

① [AI STUDIOS] 회원가입하기

❶ 웹브라우저에서 주소입력줄에 'app.aistudios.com'를 입력해서 접속합니다.

app.aistudios.com

❷ 첫 접속인 경우 로그인 화면이 나타납니다. 회원 가입을 위해 [Create account]을 클릭합니다.

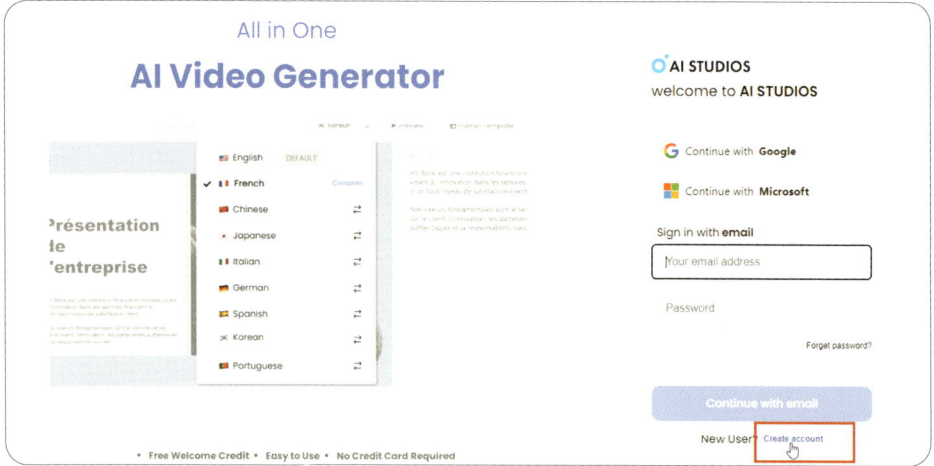

❸ 이메일 주소와 이름, 비밀번호를 입력하고 [Sign and Generate Video] 버튼을 클릭합니다.

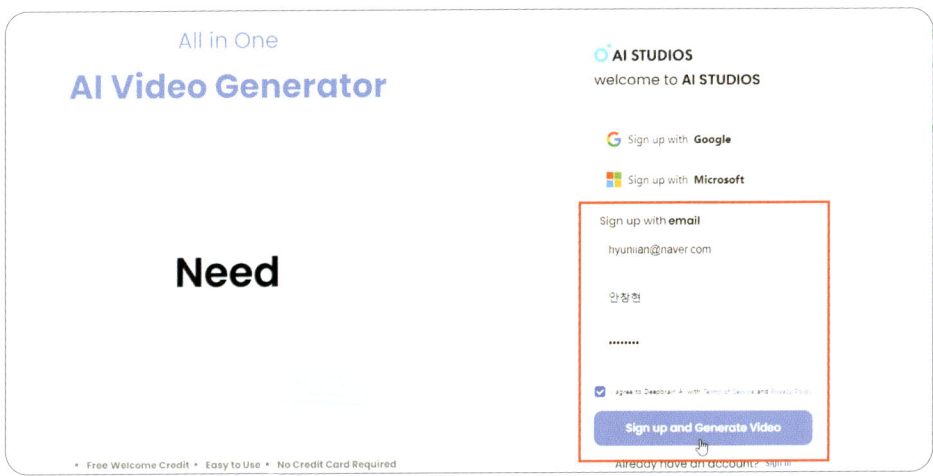

구글 계정으로 가입하려면 [Sign up with Google], 마이크로소프트 계정으로 가입하려면 [Sign up with Microsoft]를 클릭해서 회원가입을 진행합니다.

❹ 회원가입이 완료되었다는 메시지가 나타납니다. 가입 경로와 가입 목적을 선택하고 로그인하기 위해서 [Sign up] 버튼을 클릭합니다.

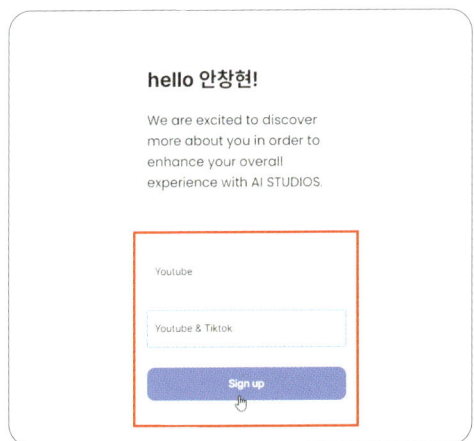

❹ [AI STUDIOS] 홈페이지가 열립니다.

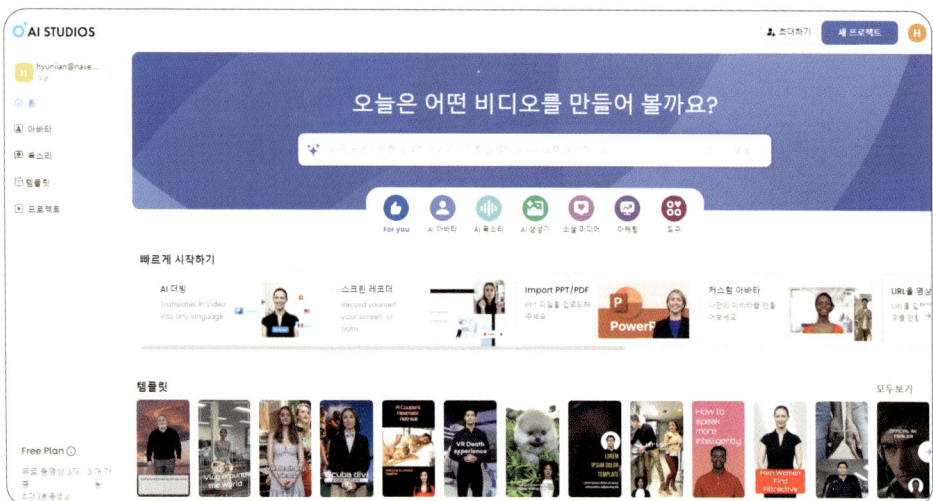

② [AI STUDIOS] 살펴보기

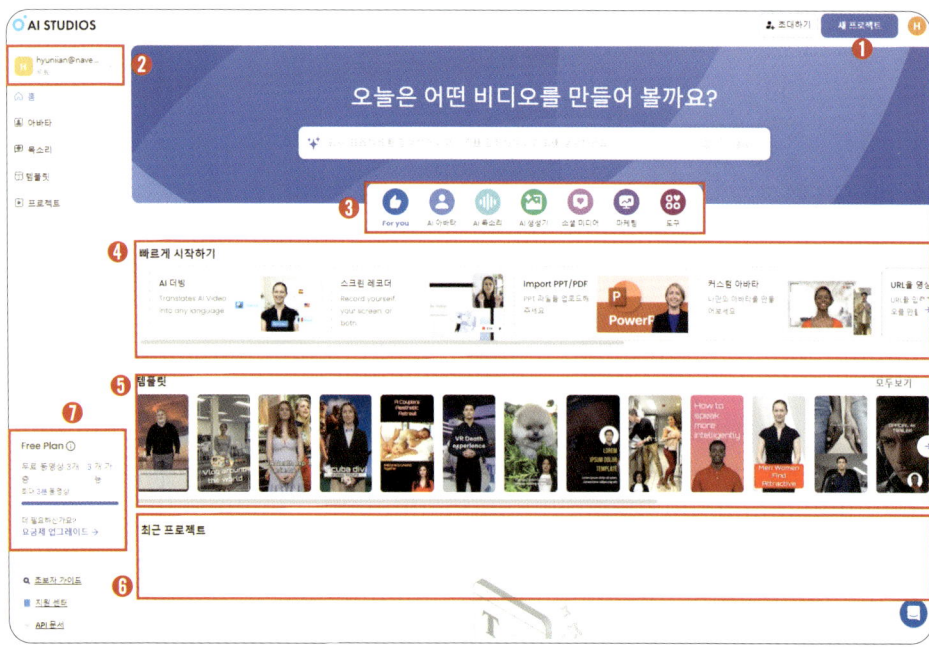

홈

[AI STUDIOS] 홈페이지에 접속하면 나타나는 메인 페이지입니다.

❶ **새 프로젝트** : 새로운 프로젝트를 만들 때 사용할 수 있는 메뉴인 기본 템플릿, 크로마키 비디오, 파워포인트 업로드 중 선택할 수 있습니다.
❷ **로그인 정보** : 현재 로그인되어 있는 계정과 요금제 정보가 표시됩니다.
❸ **메뉴** : [AI STUDIOS]에서 제공하는 서비스를 기능 및 목적별로 분류해 놓은 메뉴입니다.
❹ **빠르게 시작하기** : 메뉴에서 선택한 메뉴에 포함되어 있는 서비스들이 표시됩니다.
❺ **템플릿** : [AI STUDIOS]에서 제공하는 템플릿 목록입니다. 해당 템플릿을 클릭해서 바로 영상을 제작할 수 있습니다.
❻ **최근 프로젝트** : 최근에 작업한 프로젝트 목록들이 나타납니다. 프로젝트 목록을 클릭해서 작업을 이어서 할 수 있습니다.
❼ **요금제 정보** : 현재 사용하고 있는 요금제를 보여줍니다.

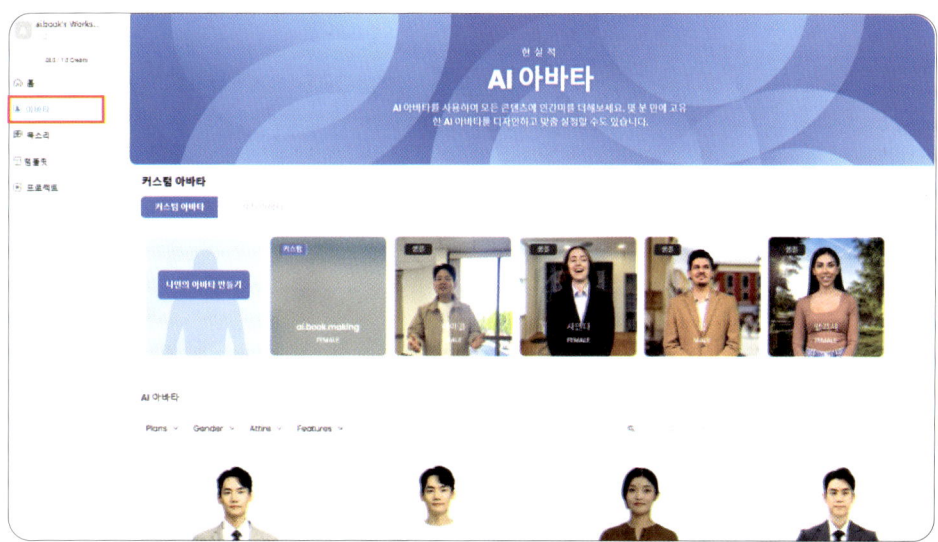

아바타

[AI STUDIOS]에서 제공하는 모델들을 보여줍니다. 모델은 커스텀 아바타와 포토 아바타, AI 아바타로 구분되어 있습니다. 커스텀 아바타와 포토 아바타는 영상이나 사진을 기반으로 제작한 모델들이고 AI 아바타는 인공지능으로 제작된 모델들입니다. 성별, 인종별, 직업별로 다양한 모델을 제공합니다. 목록을 클릭해서 선택한 모델로 영상을 제작할 수 있습니다.

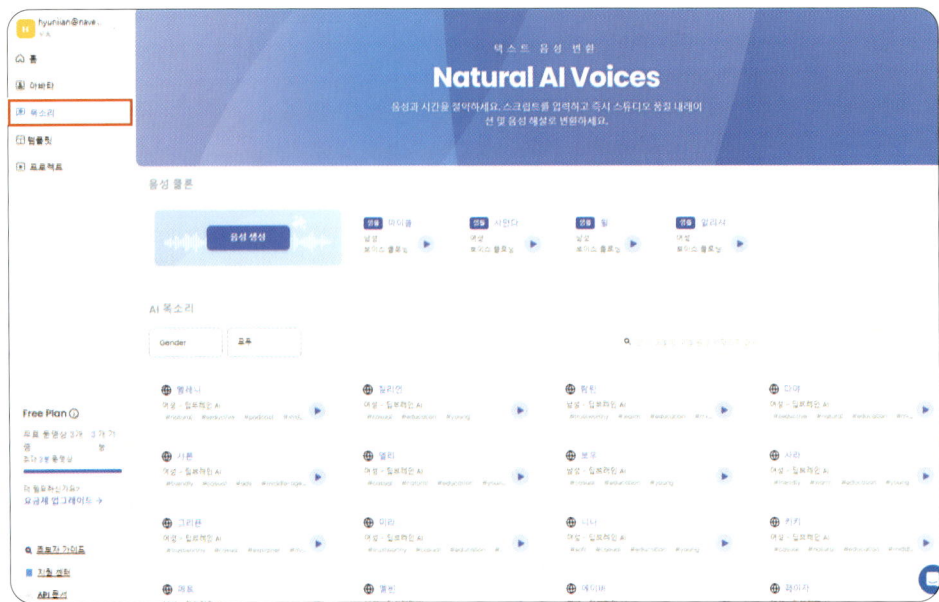

목소리

[AI STUDIOS]에서 제공하는 음성 목록을 보여줍니다. 성별, 연령, 타입, 목적별 다양한 목소리를 제공합니다. 또한, 내 목소리를 녹음하거나 업로드한 음성 파일을 복제하여 영상에 활용할 수 있습니다.

템플릿

[AI STUDIOS]에서 제공하는 템플릿 목록을 보여 줍니다. 목적별 다양한 템플릿을 제공하며, 직접 제작한 커스텀 템플릿은 다음에도 계속 사용할 수 있습니다.

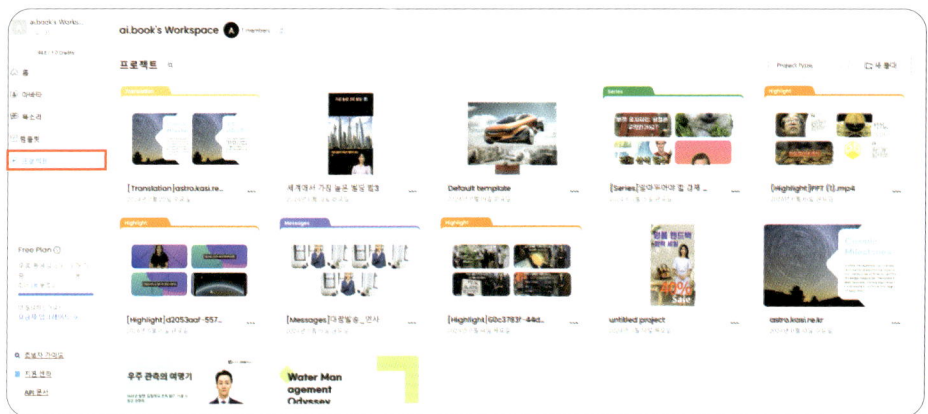

프로젝트

사용자가 작업한 영상 목록들을 보여줍니다. 여러 개의 영상이 묶여 있는 경우는 폴더 모양으로 구성되어 있습니다. 해당 목록에 마우스를 위치하면 목록 위에 [동영상 보기], [편집] 버튼이 표시됩니다. 오른쪽 상단에 위치해 있는 [새폴더] 버튼을 클릭하면 새 폴더를 만들 수 있는데 해당 폴더에 원하는 프로젝트를 담아서 관리할 수 있습니다.

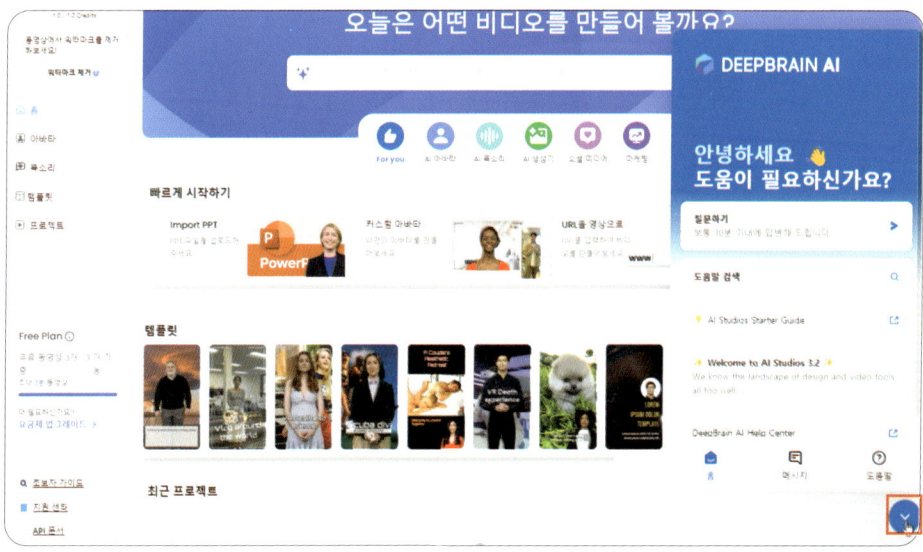

도움말

오른쪽 하단의 💬 버튼을 클릭하면 도움말 창이 열립니다. [질문하기]를 클릭해서 [AI STUDIOS]에 대한 질문을 하면 답변을 얻을 수 있습니다.

③ 요금제 확인하고 환경설정하기

❶ 오른쪽 상단의 계정 버튼을 클릭한 다음 [청구서]를 클릭합니다.

❷ 현재 사용하고 있는 요금제를 확인할 수 있습니다. 다른 요금제를 확인하거나 변경하기 위해서 [업그레이드] 버튼을 클릭합니다.

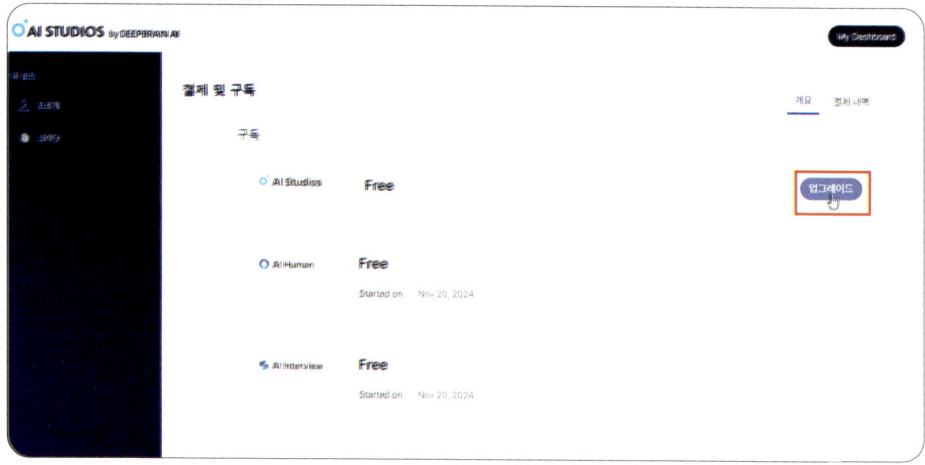

❸ 개인, 팀, 기업 요금제를 선택해서 요금제를 변경할 수 있습니다.

회원가입을 하면 무료 체험을 할 수 있습니다. 무료 플랜에서는 3분 이내의 영상을 3편 만들 수 있습니다. 플랜을 구독하면 크레딧 제약 없이 무제한으로 영상을 제작할 수 있습니다.

❹ 왼쪽 메뉴에서 [프로필]을 클릭한 다음 [언어] 항목에 [한국어]를 선택합니다.

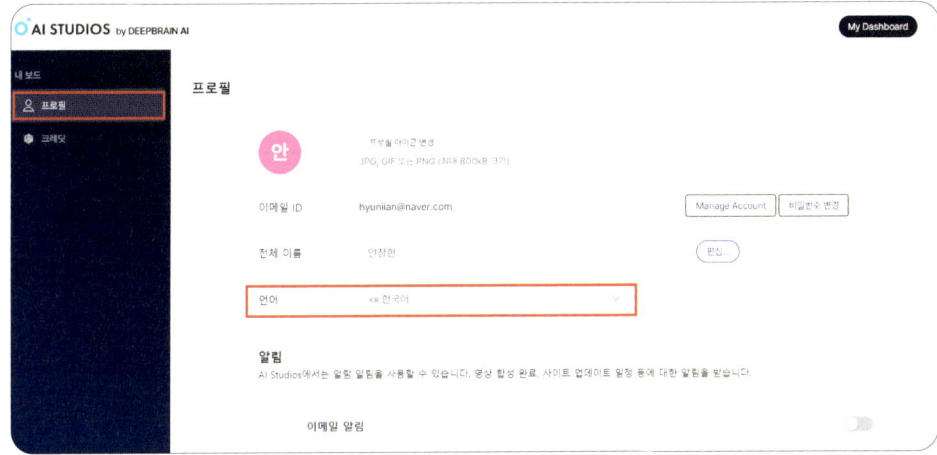

텍스트 입력으로 영상 제작하고 저장하기

#텍스트 생성 #내보내기 #다운로드 #MP4

[AI STUDIOS]의 프롬프트 창을 이용하면 텍스트 입력으로 영상 제작에 필요한 모든 내용을 인공지능을 이용하여 동영상을 만들 수 있습니다. 여기서는 세계에서 가장 높은 빌딩 탑3를 소개하는 영상을 제작하고 내 PC에 동영상 파일을 저장해 보겠습니다.

① 텍스트 입력으로 영상 만들기

❶ 웹브라우저에서 주소입력줄에 'app.aistudios.com'를 입력해서 접속합니다.

❷ 메인에 있는 검색창에 만들고 싶은 영상 주제를 입력하고 [생성] 버튼을 클릭합니다.

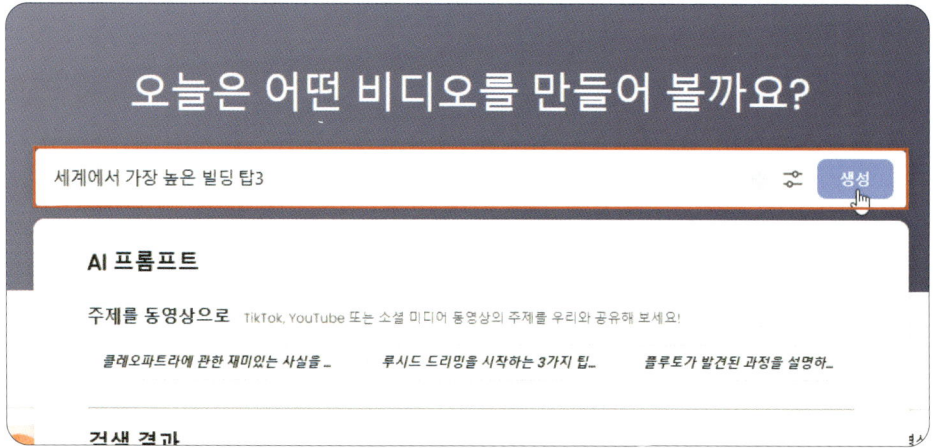

❸ [AI STUDIOS]가 자동으로 스크립트와 장면을 만들어 줍니다.

[Script]는 내레이션으로 소개할 글입니다.

❹ 확인하고 싶은 장면을 클릭한 다음 플레이 버튼을 클릭합니다.

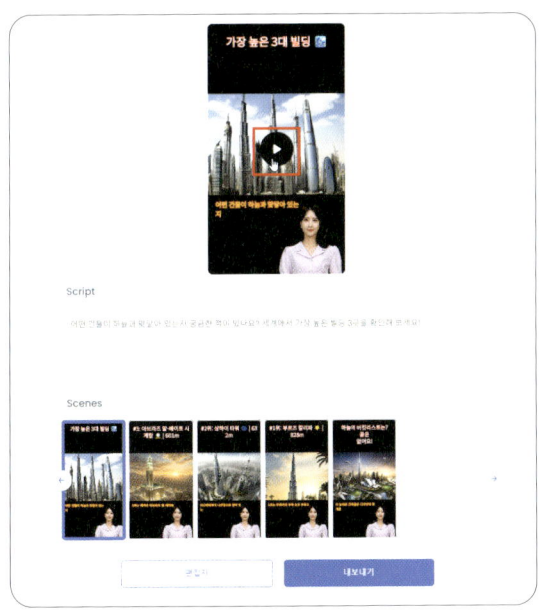

[Scenes] 항목에 표시되는 목록들이 순서대로 재생됩니다. 각 목록을 장면이라고 합니다.

⑤ 내레이션 재생을 확인할 수 있습니다. 검토가 끝났으면 ⊗ 버튼을 눌러 창을 닫습니다.

미리보기 화면에서 장면별 화면과 음성을 확인할 수 있으며, 모델의 립싱크는 영상을 내보낸 후에 확인할 수 있습니다.

⑥ [내보내기] 버튼을 클릭합니다.

[내보내기] 버튼을 클릭하면 동영상 파일로 변환됩니다. 크레딧도 이때 사용됩니다.

② 작업한 영상 동영상 파일로 저장하기

❶ [AI STUDIOS] 메인 페이지로 이동됩니다. [최근 프로젝트]에는 앞에서 작업한 영상 목록이 나타나며 영상 합성이 진행됩니다.

영상 합성 시간은 영상 길이와 네트워크 환경 상태에 따라 다를 수 있습니다.

❷ 영상 합성이 완료되면 목록에 마우스 포인터를 위치하면 나타나는 메뉴에서 [동영상 보기] 버튼을 클릭합니다.

[편집] 버튼을 클릭하여 영상을 편집할 수 있는 편집 화면으로 이동됩니다.

③ 영상이 실행됩니다.

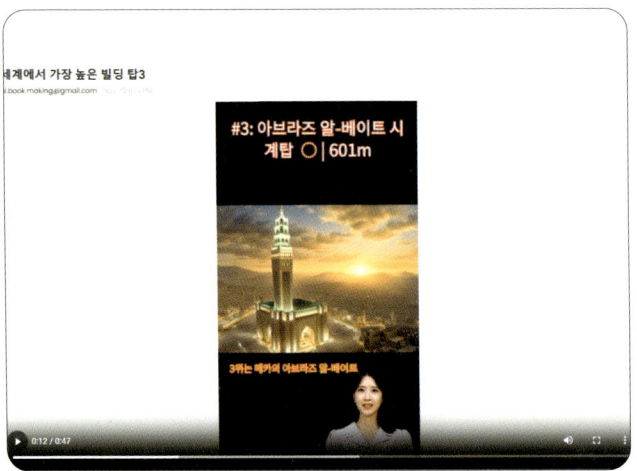

④ 영상을 다운로드 받기 위해서 오른쪽 상단에 위치해 있는 [다운로드] 버튼을 클릭합니다.

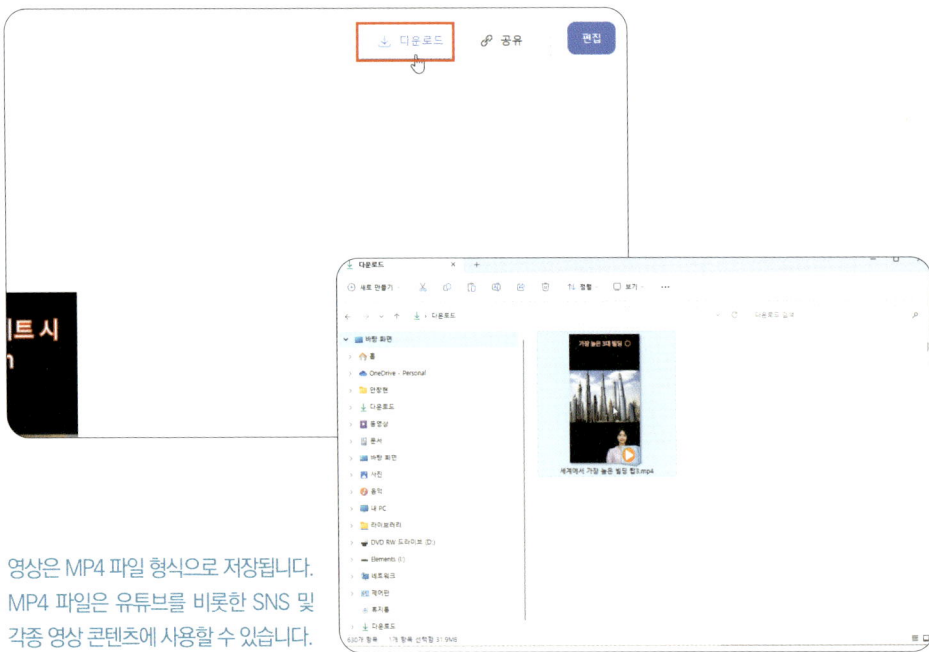

영상은 MP4 파일 형식으로 저장됩니다.
MP4 파일은 유튜브를 비롯한 SNS 및
각종 영상 콘텐츠에 사용할 수 있습니다.

5️⃣ 저장된 동영상 파일을 더블 클릭해서 영상을 확인합니다.

영상에 나오는 텍스트, 사진 모두 인공지능이 알아서 제작한 결과물입니다. 만일 내용을 수정하고 싶다면 편집 모드로 이동해서 동영상을 수정할 수 있습니다.

③ 영상 수정해서 편집하기

❶ [AI STUDIOS] 메인 페이지에서 [프로젝트] 메뉴를 클릭합니다.

❷ 앞에서 작업한 프로젝트에 마우스 포인터를 위치하면 나타나는 메뉴에서 [편집]을 클릭합니다.

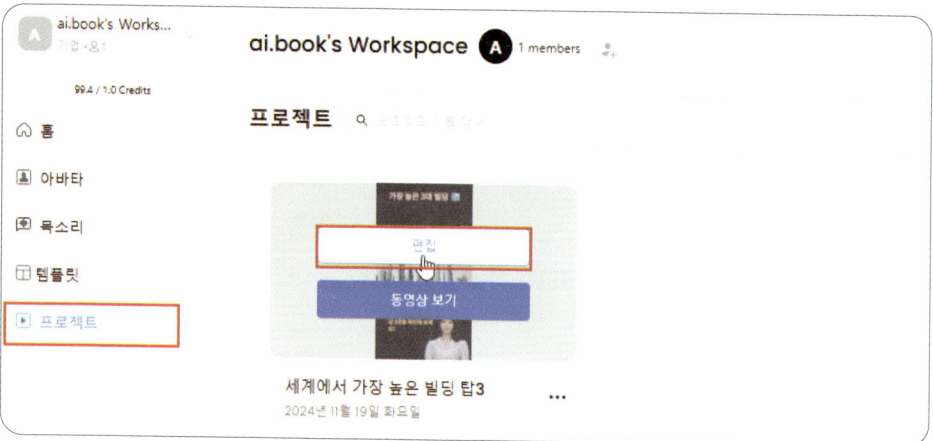

❸ 편집 화면이 열립니다.

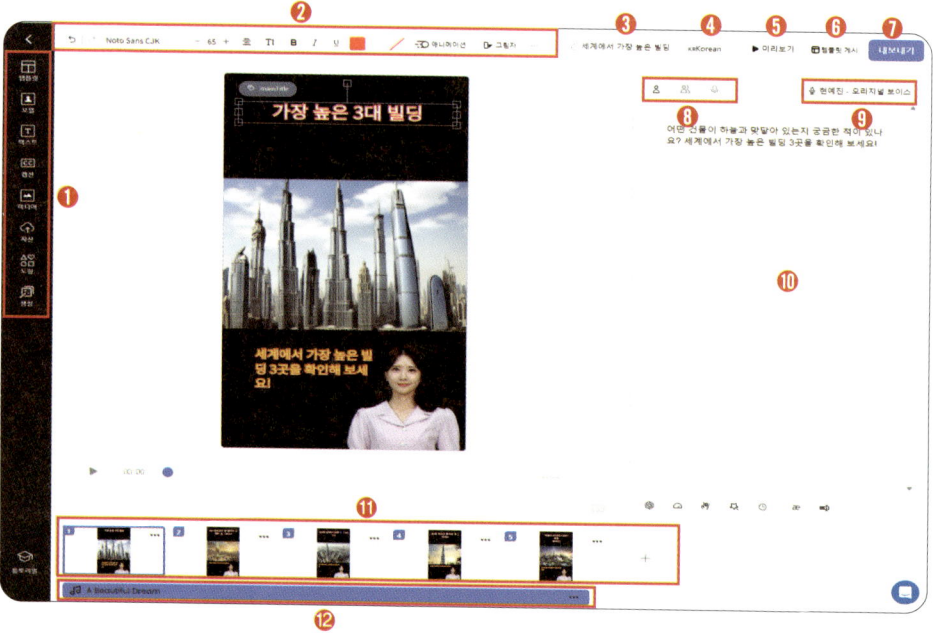

❶ **도구** : 영상에 삽입할 다양한 종류의 요소를 선택하는 도구입니다.
- **템플릿** : 템플릿을 추가합니다.
- **모델** : 모델을 변경합니다.
- **텍스트** : 텍스트를 추가합니다.
- **캡션** : 캡션을 추가합니다.
- **미디어** : 이미지, 영상, 오디오 클립을 검색해서 장면에 추가합니다.
- **자산** : PC에 있는 이미지, 영상, 오디오 파일을 등록합니다.
- **도형** : 다양한 도형을 추가합니다.
- **생성** : 생성형 AI를 이용하여 이미지와 동영상을 생성해서 장면에 추가합니다.

❷ **옵션** : 장면에서 요소를 선택하면 관련 옵션 메뉴가 나타납니다.
❸ **프로젝트 이름** : 프로젝트의 이름을 지정합니다.
❹ **번역** : 프로젝트에 사용된 텍스트의 언어를 모두 변경합니다.
❺ **미리보기** : 제작한 프로젝트를 미리보기합니다.
❻ **템플릿 개시** : 현재 작업한 영상을 템플릿 목록에 추가하여 커스텀 템플릿으로 등록합니다. 이때 등록한 템플릿은 URL로 공유할 수 있습니다.
❼ **내보내기** : 작업한 영상을 저장합니다.
❽ **스크립트 모드** : 스크립트 종류를 선택합니다. 1인 화자 모드, 다수 대화 모드, 오디오 스크립트를 제공합니다.
❾ **음성 모드** : 장면에서 적용된 음성 모드를 선택합니다.
❿ **스크립트 창** : 스크립트로 표현할 내용을 작성합니다.
⓫ **장면** : 작업한 영상을 장면으로 순서대로 표시하며 장면을 추가 및 삭제를 할 수 있습니다.
⓬ **배경 음악** : 배경 음악을 삽입할 경우 배경 음악이 진행되는 영역을 표시합니다.

❹ 수정하고 싶은 텍스트를 클릭한 다음 내용을 수정합니다.

장면에서 요소를 클릭하면 상단에 관련 메뉴가 나타납니다.

❺ 프로젝트 제목이 적힌 글상자를 클릭한 다음 제목을 변경합니다.

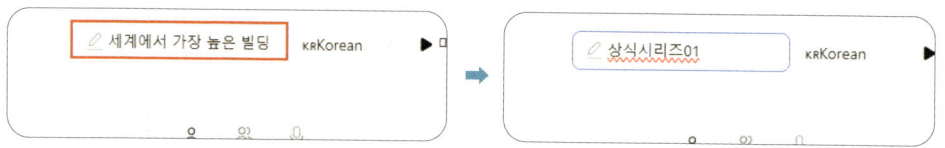

❻ [미리보기] 버튼을 클릭하면 나타나는 미리보기 창에서 영상의 내용을 확인합니다.

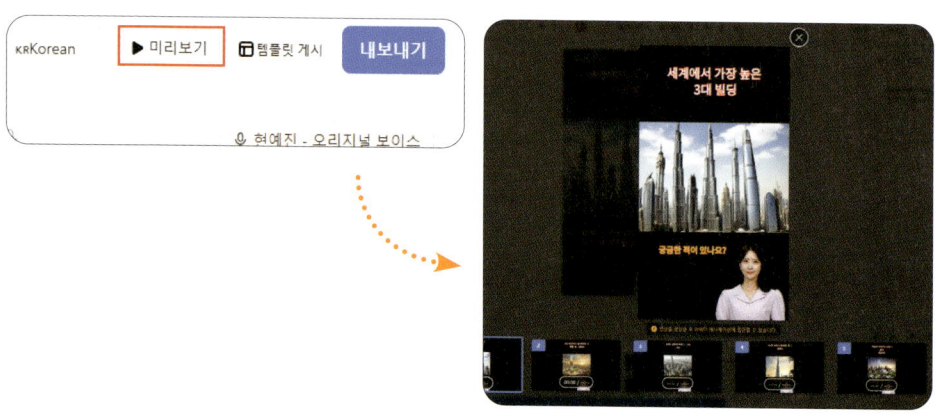

7️⃣ 작업한 영상을 저장하기 위해서 [내보내기] 버튼을 클릭합니다. 영상 정보를 확인한 후 [내보내기] 버튼을 클릭합니다.

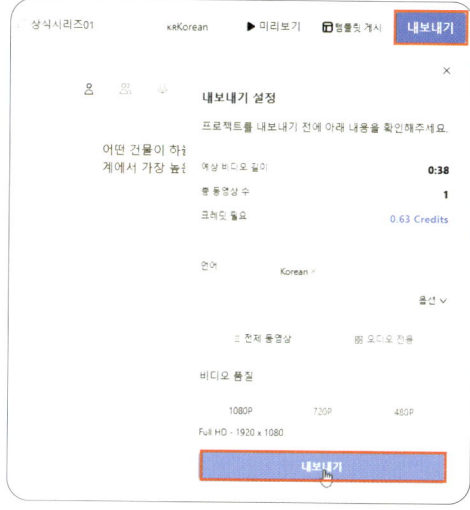

화질은 1080p(Full HD 1920*1080), 720p(HD 7280*720) 중 선택할 수 있으며 가능한 1080p를 선택하도록 합니다.

8️⃣ 메인 페이지로 이동되고 작업한 영상은 동영상으로 변환이 이루어집니다.

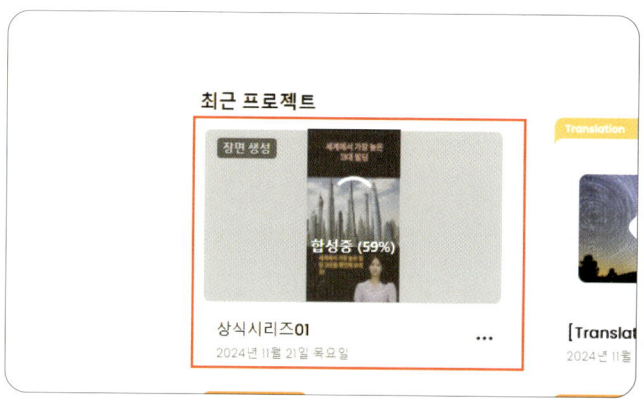

작업한 영상은 [최근 프로젝트] 또는 [프로젝트] 메뉴에 등록됩니다.

TIP 작업 자동 저장

[AI STUDIOS]는 작업한 내용이 자동으로 저장되기 때문에 별도의 저장 메뉴가 없습니다. 그러므로 마음놓고 작업할 수 있습니다. 작업한 내용은 [프로젝트] 메뉴 또는 [최근 프로젝트]에 기록되어 있으므로 언제든지 이전에 작업한 내용을 열어서 이어서 작업할 수 있습니다.

AI STUDIS에서 제공하는 템플릿

part 2

[AI STUDIOS]
기본 영상 제작 테크닉

01 영상 촬영하여 내 아바타 만들기

PART 02

#커스텀 아바타

[AI STUDIOS]의 [커스텀 아바타] 기능을 이용하면 웹캠을 이용하여 내 모습의 아바타를 만들 수 있습니다. 아바타를 만들면 사용자가 입력한 텍스트에 따라 음성이 나오고 입 모양도 음성에 맞게 움직이는 영상을 만들 수 있습니다. 그럼 아바타를 어떻게 만드는지 알아보겠습니다.

① 내 모습 아바타 영상 만들기

❶ [AI STUDIOS] 홈페이지에 로그인한 후 메인 페이지에서 [AI 아바타] - [커스텀 아바타]를 클릭합니다.

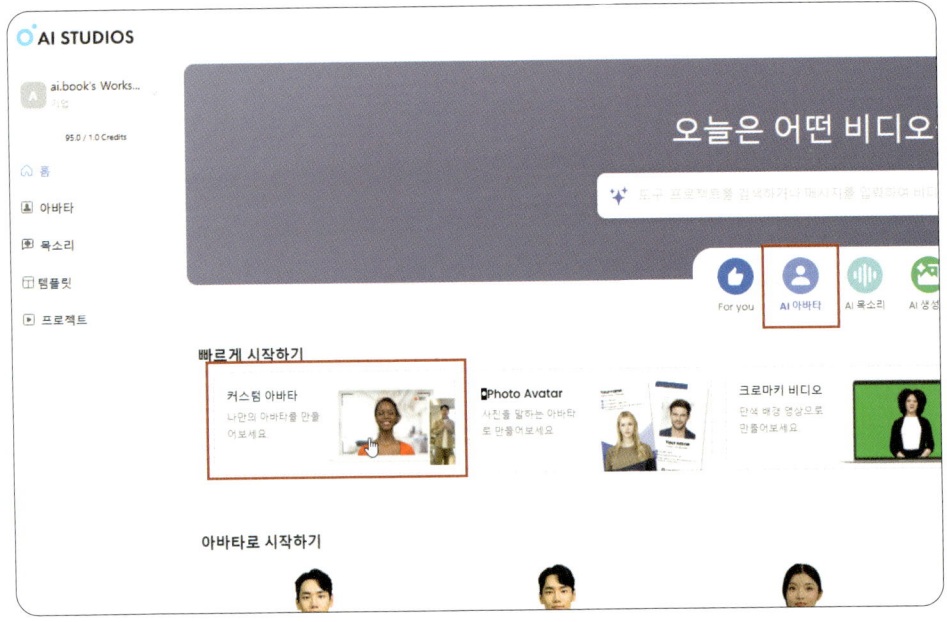

메뉴를 클릭하면 관련 서비스 목록이 [빠르게 시작하기] 항목에 나타납니다.

❷ 아바타를 만드는 방법을 영상으로 보여줍니다. [나만의 아바타 만들기]를 클릭합니다.

[커스텀 아바타]는 웹캠이 필요합니다. PC에 연결된 웹캠 또는 웹캠이 달려있는 노트북으로 실행해야 합니다.

❸ 웹캠이 동작하고 영상에 얼굴 가이드가 나타납니다. 가이드에 맞게 얼굴 위치를 조정한 후 [녹음 시작]을 클릭합니다.

아바타 생성을 위한 동영상을 제작하는 것으로 음성과 영상이 깔끔하게 녹화되어야 합니다. 녹화 장소는 잡음이 없이 조용해야 하며 배경이 깔끔하고 조명은 너무 어둡거나 밝지 않은 곳이어야 합니다. 촬영 중에는 바르고 고정된 자세를 취하도록 합니다. 이때 시선은 카메라를 응시하고 자세는 카메라의 눈높이에 맞추도록 합니다.

④ 녹음이 시작하면 화면에 스크립트가 나타납니다. 그리고 카운터가 시작되는데 카운터가 끝나면 스크립트를 또박또박 읽습니다.

⑤ 잠시 쉬는 구간이 있습니다. 지시에 맞게 쉰 다음 다시 지시에 맞게 스크립트를 읽습니다.

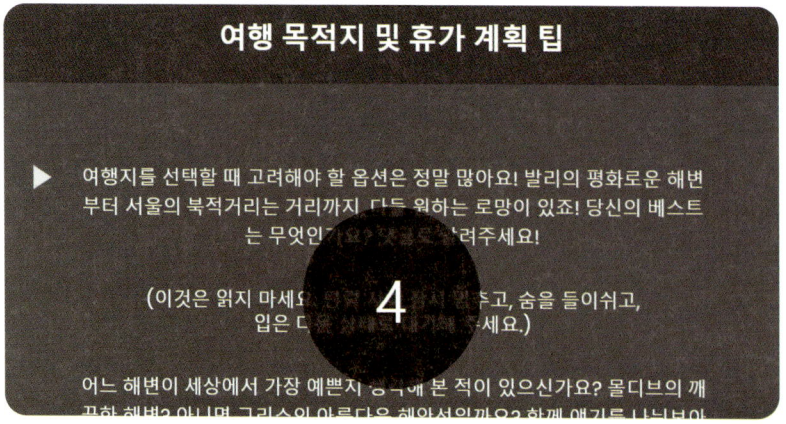

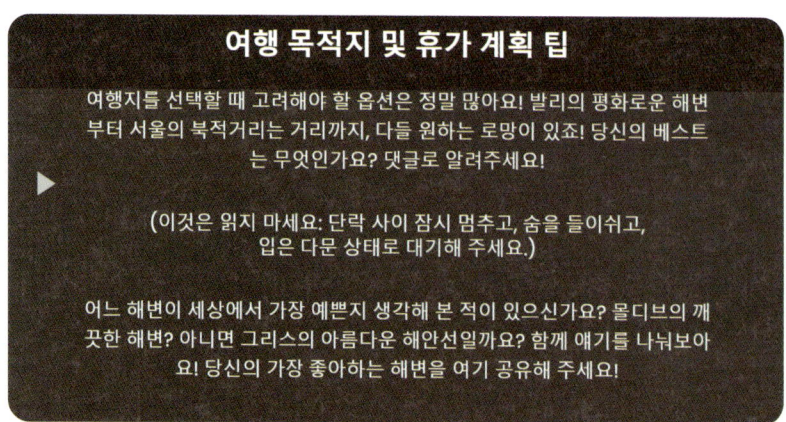

영상 촬영 시 가능한 머리는 움직이지 않으며 잠시 멈출 때는 입을 지긋이 다물도록 합니다.
깨끗한 음질로 녹음하고 싶다면 캠에 내장된 마이크보다는 잡음 제거 기능이 있는 마이크를 따로 사용하도록 합니다.
스크립트를 읽을 때는 또박또박 천천히 말하도록 합니다. 생각보다 진행이 빠르므로 타이머가 끝나는 대로 바로 시작하며 중간에 쉬는 구간도 5초 이내로 설정하도록 합니다.

⑥ 스크립트가 끝나면 [녹음 종료]를 클릭해서 녹음을 마칩니다.

7️⃣ 아바타 정보를 입력하고 체크리스트를 확인한 후 [내 동영상 확인] 버튼을 클릭합니다.

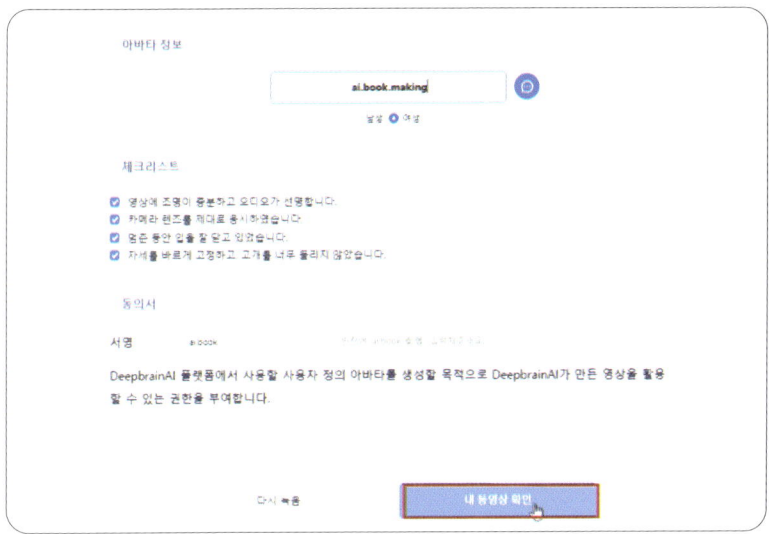

8️⃣ 오른쪽 스크립트 상자에 내레이션으로 넣을 글을 입력한 후 [미리보기]를 클릭해서 영상을 확인합니다.

🅧 버튼을 클릭해서 영상을 닫을 수 있습니다.

[미리보기]에서는 영상 확인 전에 미리 음성만 검토합니다. 전체적인 영상은 [내보내기] 후에 [동영상 보기]로 확인합니다.

1. 영상 촬영하여 내 아바타 만들기

② 영상 저장하기

1 최종 영상으로 제작하기 위해서 [내보내기]를 클릭합니다. 잠시 후 영상 합성이 완료되면 메인 홈페이지의 [최근 프로젝트] 항목에 영상이 표시됩니다. 목록에 마우스 포인터를 위치한 후 [동영상 보기] 버튼을 클릭합니다.

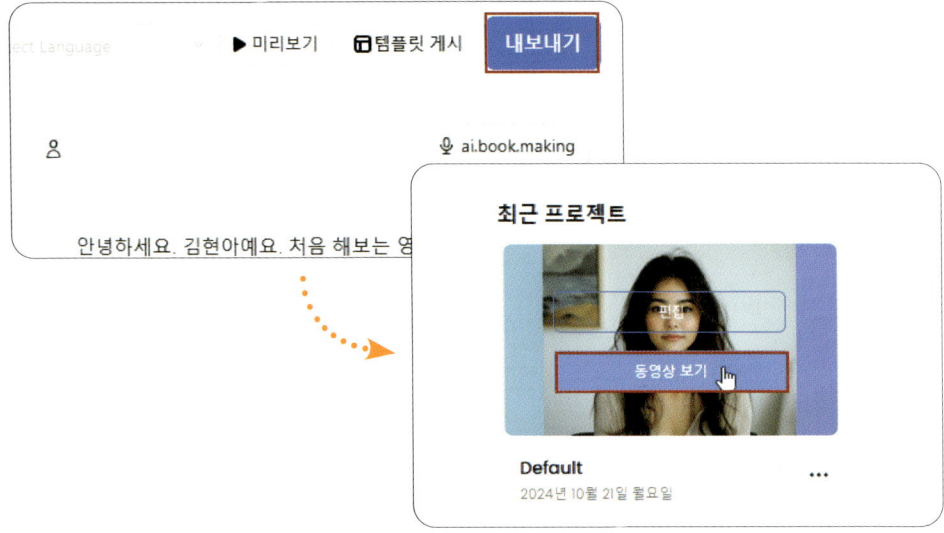

영상 합성 제작 시간은 오래 걸립니다. 섬네일에 로딩 표시와 진행 단계를 표시해 줍니다. 로딩이 완료되면 로딩 표시가 사라집니다.

섬네일에 마우스 포인터를 위치하면 나타나는 [편집] 버튼을 클릭해서 편집 페이지로 이동할 수 있습니다.

2 스크립트로 입력한 글이 립싱크로 처리되어 영상으로 열립니다.

③ [최근 프로젝트]에 등록되어 있는 프로젝트 목록 오른쪽 하단에 위치해 있는 ⋯ 버튼을 클릭한 다음 [다운로드]를 클릭합니다.

④ [다운로드] 폴더에 동영상이 저장됩니다.

제작된 영상은 MP4 파일 형식으로 저장됩니다.

TIP 영상 콘트롤 옵션

- 역사 : 프로젝트를 내보내기한 이력을 보여줍니다.
- 다운로드 : 영상을 동영상 파일로 저장합니다.
- 공유 : 해당 영상을 다른 사용자에게 전달합니다. 수신자의 이메일 주소를 입력하면 이메일로 보내줍니다.
- 이동하기 : 해당 영상을 다른 프로젝트 폴더로 이동합니다.
- 복제 : 해당 영상의 복제본을 만듭니다.
- 번역 : 영상에 사용된 언어를 다른 언어로 변경합니다. 내보내기를 실행한 경우에만 활성화됩니다.
- 영상 메시지 : 생성한 영상을 다수에게 전송할 때 사용합니다.
- 삭제 : 해당 영상을 지웁니다.

PART 02
02 이미지와 제스처 액션으로 소개 영상 만들기

#아바타 #파일 업로드 #손동작 제스처

[AI STUDIOS]에서 제공하는 [아바타]를 이용하면 모델 중심으로 영상을 만들 수 있고, 이미지나 영상 자료를 업로드하여 나만의 아바타를 만들 수 있습니다. 또한 모델의 제스처 기능을 이용하여 손동작을 이용한 액션 효과가 들어간 멋진 영상을 만들 수 있습니다.

① 예쁜 모델 선택하기

1 [AI STUDIOS] 홈페이지에서 [아바타] 메뉴를 클릭합니다.

[아바타]는 [AI STUDIOS]에서 제공하는 모델들만 보여줍니다. 사용하고 싶은 모델을 선택해서 모델 중심의 영상을 제작할 때 편리합니다.

❷ 모델 목록 중 사용하고 싶은 모델을 클릭합니다.

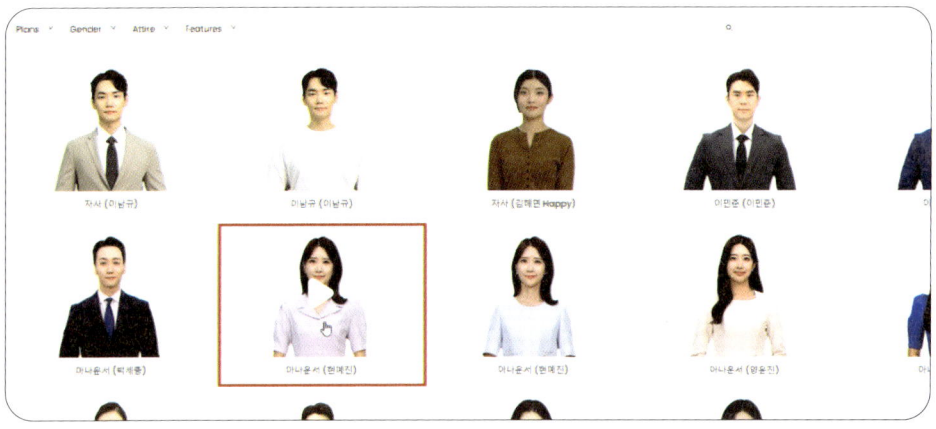

왼쪽 상단의 정렬 항목을 이용하여 원하는 스타일로 정렬할 수 있습니다. [Gender]에서 남자 또는 여자로 정렬할 수 있고 [Features]에서 제스처를 지원하는 모델만 정렬할 수 있습니다.

❸ 모델을 확인한 다음 [이 모델을 사용해 보세요]를 클릭합니다.

[또 다른 아바타]에서 다른 모델로 변경할 수 있습니다.

② 내가 만든 이미지로 영상 꾸미기

❶ 내가 만든 이미지를 불러 오기 위해서 [자산] 도구를 클릭한 후 [이미지/동영상/오디오 파일 업로드]를 클릭합니다.

JPG, PNG의 이미지 파일과 WAV의 사운드 파일, MP4, MPG의 동영상 파일을 불러 올 수 있습니다.

❷ [열기] 대화 상자에서 불러올 파일을 선택한 후 [열기] 버튼을 클릭합니다.

[Shift]를 누르고 여러 개의 파일을 함께 선택할 수 있습니다.

③ [업로드된 파일]에서 영상에 넣을 이미지를 클릭합니다.

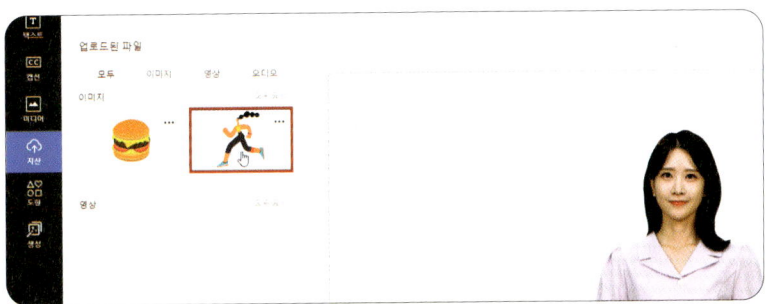

업로드한 이미지 목록의 … 버튼을 클릭하면 나타나는 목록에서 [삭제]를 클릭해서 해당 이미지를 삭제할 수 있습니다.

④ 이미지가 삽입되면 모서리의 조절점을 클릭한 채 드래그해서 크기를 조절하고 이미지를 드래그해서 위치를 조절해서 꾸밉니다.

⑤ 같은 방법으로 두 번째 이미지도 영상에 삽입해서 꾸밉니다.

삽입한 요소를 클릭하고 [Del]을 눌러 삭제할 수 있습니다.

③ 손동작 제스처 액션 넣기

① 스크립트 상자에 스크립트를 작성합니다.

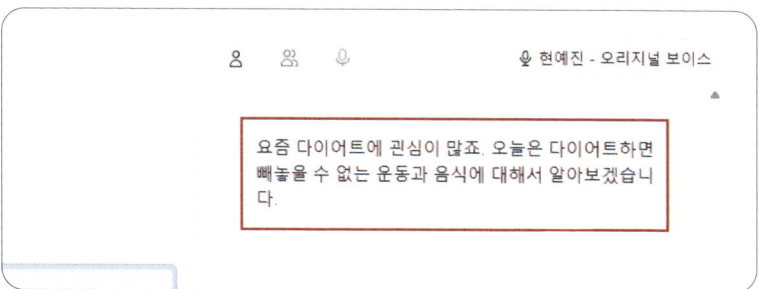

② 스크립트에서 모델의 제스처를 취하고 싶은 위치를 클릭해서 커서를 위치한 다음 [제스처] 버튼을 클릭합니다.

TIP 제스처

제스처란 모델에 등록되어 있는 특정 동작을 말합니다. 동작은 한 손 혹은 양손을 펼치거나 팔을 흔들어 인사하는 등 모델별로 다양한 동작을 지원합니다. 텍스트 상자에서 ☝ 도구로 동작을 지정할 수 있습니다. 제스처를 지원하는 모델 목록에 [제스처]라고 표시되어 있는 모델만 사용이 가능합니다.

③ 같은 방법으로 제스처를 넣을 위치를 등록합니다.

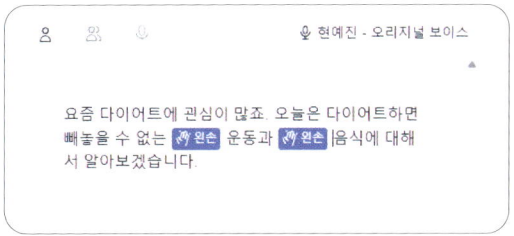

④ 오른손 동작을 표시하고 싶은 제스처 아이콘을 클릭하면 나타나는 목록에서 [오른손]을 선택합니다.

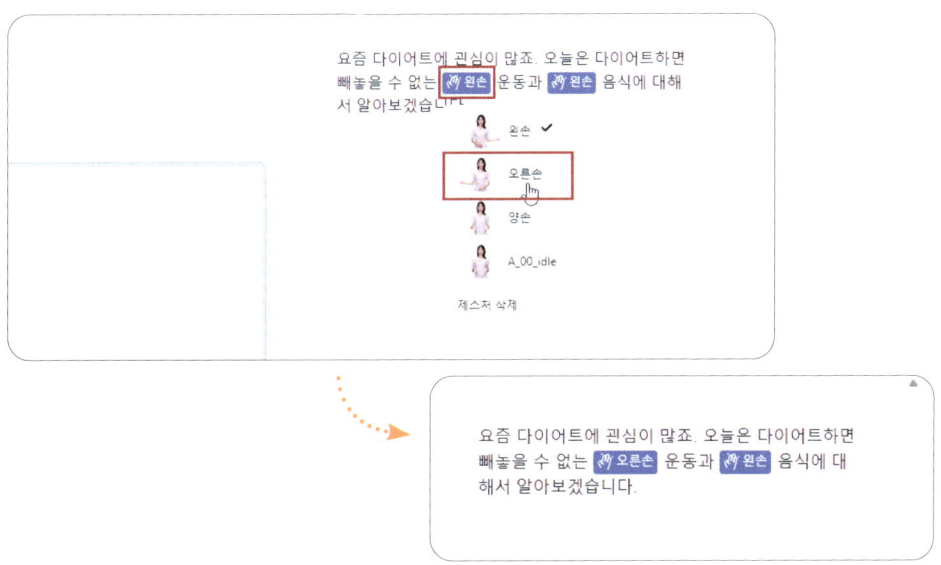

⑤ [내보내기]를 클릭해서 동영상을 열어 봅니다. 내래이션이 나오고 제스처를 등록한 위치에서 손이 움직이는 것을 볼 수 있습니다.

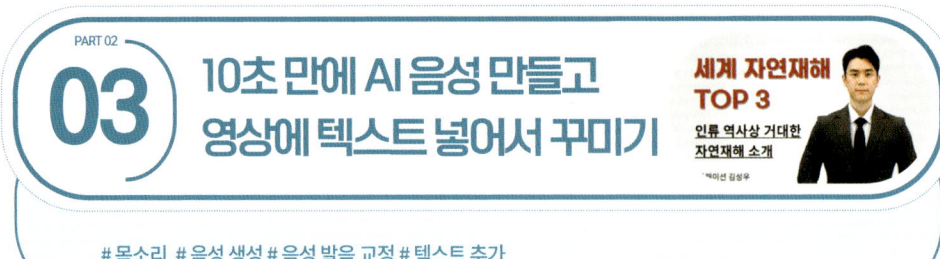

PART 02

03 10초 만에 AI 음성 만들고 영상에 텍스트 넣어서 꾸미기

#목소리 #음성 생성 #음성 발음 교정 #텍스트 추가

[AI STUDIOS]의 [목소리]의 [음성 생성]을 이용하여 내 목소리를 10초 간 녹음하여 AI 목소리를 만들 수 있습니다. 이렇게 만든 목소리로 영상을 꾸밀 수 있으며 [사전] 기능을 이용하여 부정확한 발음을 원하는 발음으로 교정도 할 수 있습니다. 그리고 영상에 텍스트를 추가해서 주목성이 높은 영상을 꾸며 보겠습니다.

① 내 목소리로 AI 음성 만들기

1 [AI STUDIOS] 홈페이지에서 [목소리] 메뉴를 클릭한 다음 [음성 생성]을 클릭합니다.

[목소리] 메뉴는 [AI STUDIOS]에서 제공하는 인공지능 음성을 선택하거나 음성을 녹음해서 AI 음성으로 만들어 주는 음성 생성 서비스를 제공합니다.

❷ 녹음 아이콘을 눌러 녹음을 시작합니다. 화면에 표시되는 스크립트를 또박또박 읽은 후 [녹음 완료] 버튼을 클릭합니다.

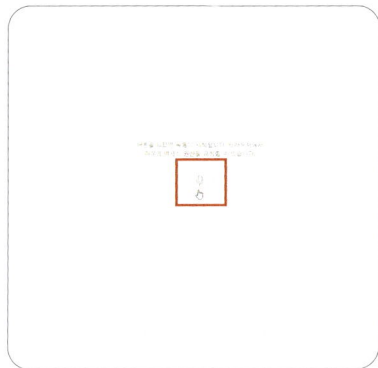

❸ 목소리의 이름을 지정하고 체크리스트를 체크한 후 [음성생성]을 클릭합니다.

등록된 요소의 ⋮ 버튼을 클릭하면 나타나는 목록에서 [다운로드]를 선택해서 녹음 파일을 저장하거나 [재생 속도]를 선택해서 속도를 조절할 수 있습니다.

❹ 녹음 리마스터가 완료되면 재생 버튼을 클릭해서 음성을 들어 봅니다. 이상 없으면 [확인]을 클릭해서 녹음을 마무리합니다.

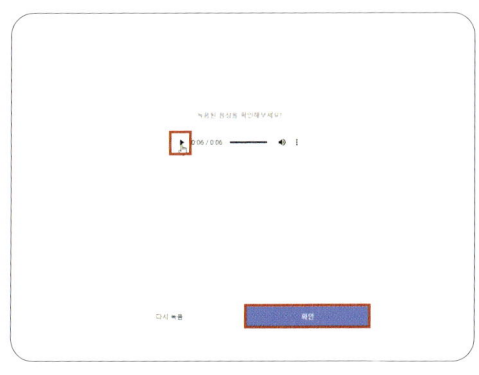

리마스터가 완료되면 잡음이 제거되고 깔끔한 음성으로 변환됩니다.

② 모델 편집하고 발음 교정하기

1 [아바타] 메뉴에서 영상에 사용할 아바타를 선택해서 영상 편집 화면으로 이동합니다.

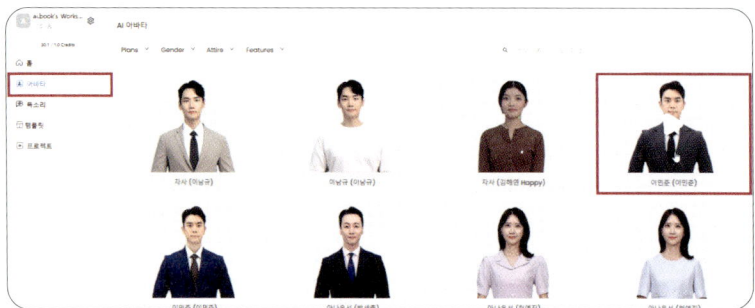

2 오른쪽 상단에 위치해 있는 음성 모드를 클릭한 후 앞에서 제작한 음성 파일을 선택한 다음 [보이스 적용] 버튼을 클릭합니다.

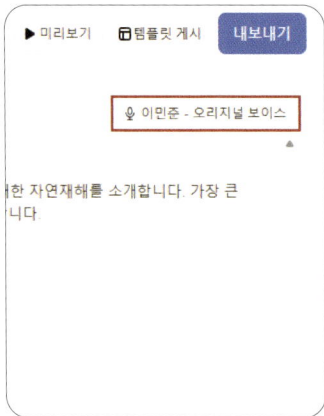 

❸ 아바타를 클릭하면 나타나는 조절점을 이용하여 크기를 확대하고 위치는 화면 오른쪽으로 이동합니다.

❹ 스크립트 상자에 스크립트를 적은 다음 텍스트에서 발음을 변경하고 싶은 글을 마우스로 드래그한 후 [사전] 버튼을 클릭합니다.

❺ [발음 조정] 상자에서 변경할 글을 입력한 후 [저장]을 클릭합니다.

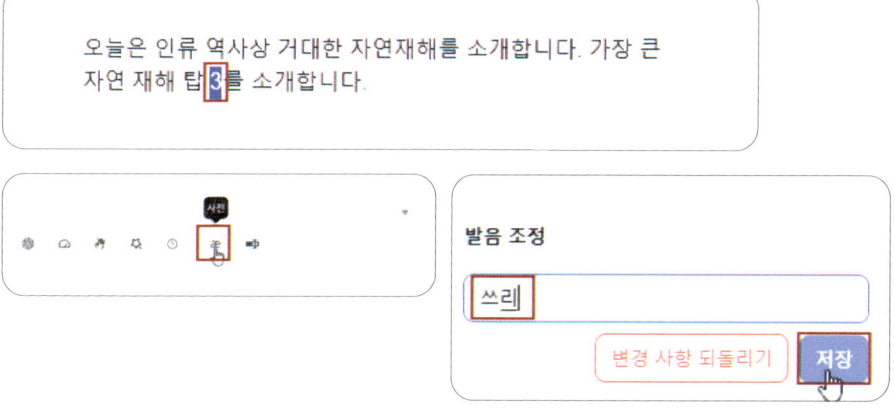

❻ [내보내기]를 클릭해서 음성을 들어 봅니다. [사전]을 등록한 내용으로 발음되는지 확인합니다.

> ③ 텍스트 추가해서 꾸미기

① [텍스트] 도구를 클릭한 다음 [제목 추가]를 클릭합니다.

② 텍스트 상자가 추가되면 텍스트 상자를 클릭한 다음 글을 입력합니다.

③ 텍스트 상자의 조절점을 드래그해서 텍스트 상자의 크기를 조절하고 텍스트 상자를 드래그해서 위치를 조절합니다.

기본 폰트는 NotoSans CJK가 적용되어 있습니다.

❹ 텍스트 편집 도구를 이용하여 텍스트를 꾸밉니다.

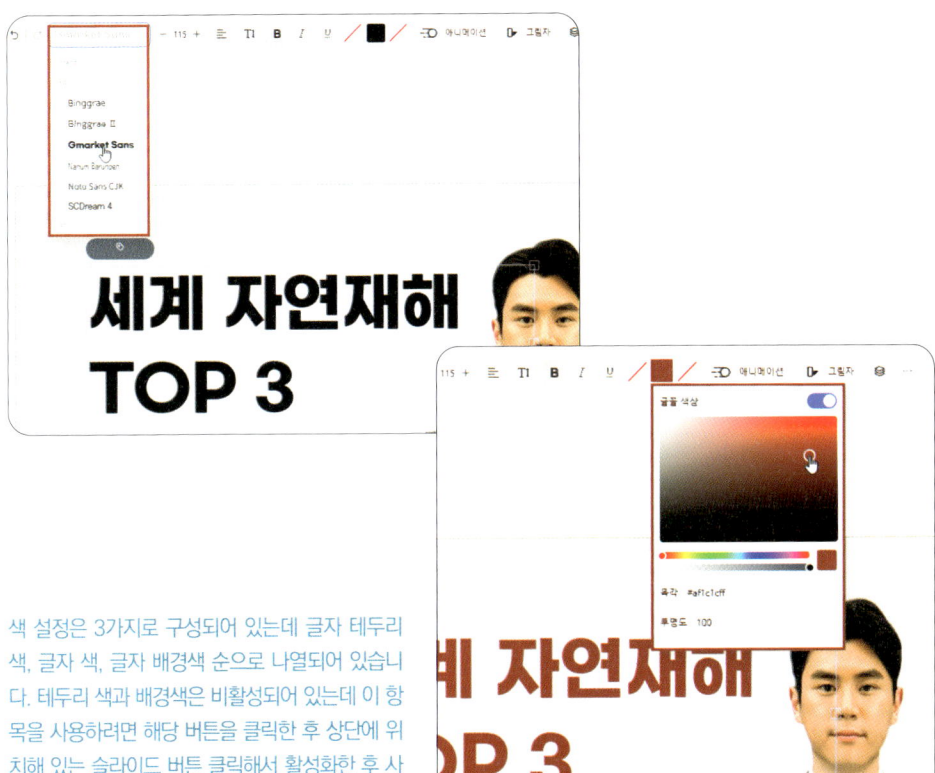

색 설정은 3가지로 구성되어 있는데 글자 테두리 색, 글자 색, 글자 배경색 순으로 나열되어 있습니다. 테두리 색과 배경색은 비활성화되어 있는데 이 항목을 사용하려면 해당 버튼을 클릭한 후 상단에 위치해 있는 슬라이드 버튼 클릭해서 활성화한 후 사용하면 됩니다.

TIP 텍스트 편집 도구

❶ 글꼴 변경 ❷ 글자 크기 변경 ❸ 글자 정렬 변경 ❹ 자간 간격 및 줄 간격 조절 ❺ 글자 두껍게 ❻ 글자 기울기 ❼ 밑줄 ❽ 글자 테두리 색 / 글자 색 / 배경색 지정 ❾ 글자 그림자 표시

5 [그림자]를 클릭한 다음 그림자 색과 위치를 조절해서 꾸밉니다.

[흐릿함]은 그림자의 투명도를 조절하는 옵션이고 [오프셋 X]는 그림자의 좌우 위치, [오프셋 Y]는 그림자의 위아래 위치를 조절하는 옵션입니다.

6 같은 방법으로 부제목과 본문 텍스트도 추가해서 꾸밉니다.

제목은 113 포인트의 글자가 추가되고 부제목은 75 포인트, 본문은 38 포인트의 글자가 추가됩니다.

7 [내보내기]를 클릭해서 작업한 영상을 확인합니다.

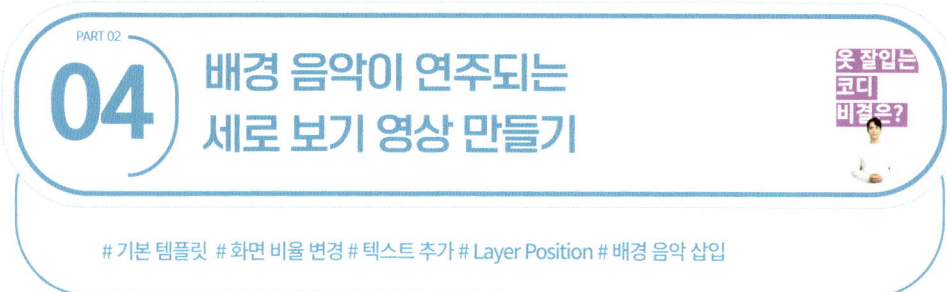

PART 02
04 배경 음악이 연주되는 세로 보기 영상 만들기

#기본 템플릿 #화면 비율 변경 #텍스트 추가 #Layer Position #배경 음악 삽입

[AI STUDIOS]에서 기본 템플릿을 연 다음 모델을 넣고 배경색이 있는 강조된 텍스트를 넣어서 영상을 꾸며 봅니다. 그리고 텍스트 위에 모델이 살짝 걸쳐 있는 재미있는 연출도 만들어 보고 배경에 음악도 넣어서 임팩트있는 영상을 만들어 보겠습니다.

① 세로 보기 영상 만들기

① [AI STUDIOS] 홈페이지에서 [새 프로젝트] - [기본 템플릿]을 클릭합니다.

[기본 템플릿]은 기본 화면으로 구성된 영상을 말합니다.

❷ 배경 부분을 클릭한 상태에서 상단에 위치해 있는 화면 비율 버튼을 클릭한 다음 [9:16]을 선택합니다.

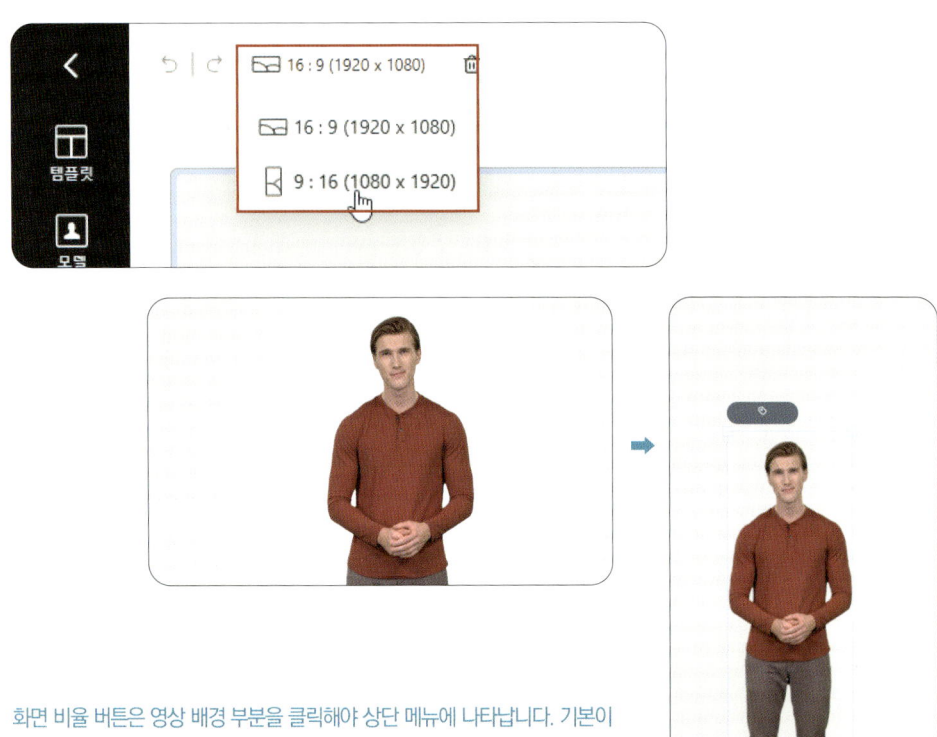

화면 비율 버튼은 영상 배경 부분을 클릭해야 상단 메뉴에 나타납니다. 기본이 가로 보기인 16:9 입니다. 언제든지 세로 보기인 9:16으로 바꿀 수 있습니다.

❸ 모델을 바꾸기 위해서 [모델] 도구에서 바꾸고 싶은 모델을 클릭합니다.

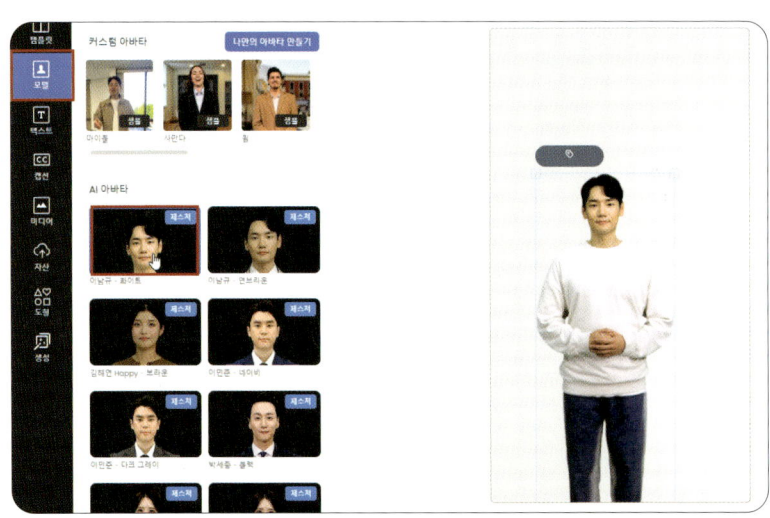

모델을 선택하면 영상에 있는 모델이 자동으로 바뀝니다.

> ② 배경이 있는 텍스트 만들기

❶ 제목 텍스트를 추가해서 다음과 같이 꾸밉니다.

텍스트 상자가 잘 선택되지 않는다면 편집 화면에서 다른 요소를 클릭해서 선택한 후 다시 텍스트 상자를 클릭 하면 선택됩니다.

❷ 텍스트 상자를 마우스 오른쪽 클릭한 다음 [Duplicate]를 선택해서 텍스트 상자를 복제합니다.

❸ 복제한 텍스트 상자를 마우스로 드래그해서 밑으로 이동시킵니다.

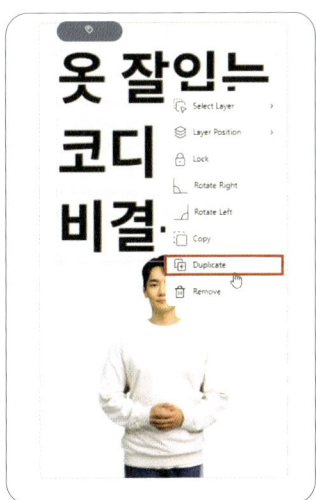 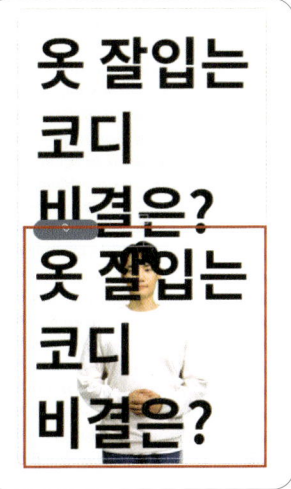

[Duplicate]는 선택한 요소를 복제해주는 도구입니다.

4. 배경 음악이 연주되는 세로 보기 영상 만들기   65

④ 첫 번째 텍스트 박스에서 2~3번째 줄의 글을 지웁니다.

⑤ 복제한 두 번째 텍스트 박스에서 첫 번째 줄의 글을 지웁니다.

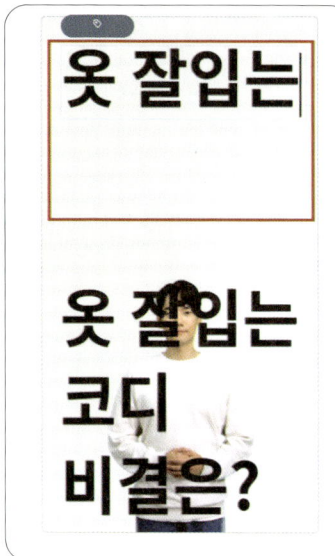 

텍스트 줄 별로 각각 다른 텍스트 상자로 만들기 위한 작업입니다.

⑥ 복제한 텍스트 상자를 같은 방법으로 다시 복제하여 세 번째 텍스트 상자를 만듭니다.

⑦ 두 번째 텍스트 상자에서 세 번째 줄 글을 지우고 세 번째 텍스트 상자에서는 1~2 번째 줄의 글을 지웁니다.

⑧ 3개의 텍스트 상자를 순서대로 나열해서 꾸밉니다.

 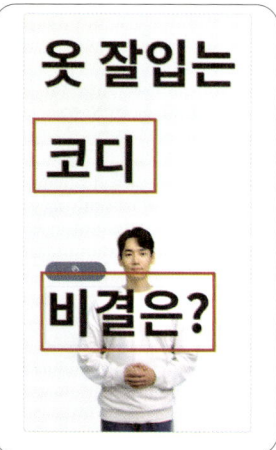 

9 Shift 를 누른 상태에서 3개의 텍스트 상자를 클릭해서 모두 선택한 다음 배경색은 보라, 글자색은 흰색으로 설정합니다.

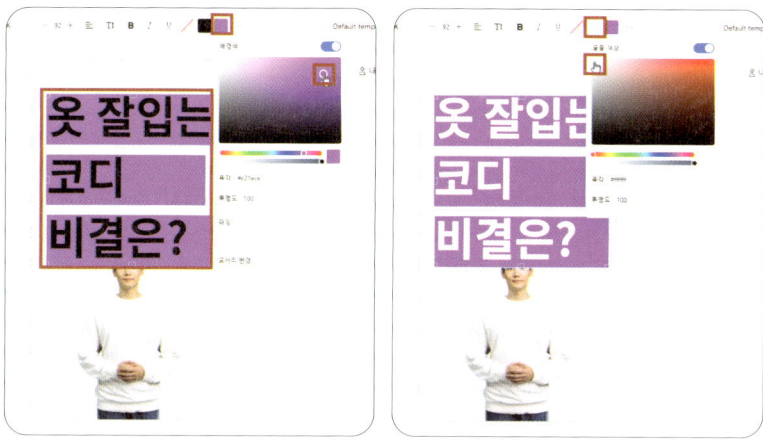

3개의 색상 버튼 중 첫 번째는 텍스트 테두리 색이고 두 번째 색상 버튼은 텍스트 색상, 세 번째 색상 버튼은 텍스트 배경색입니다.

10 각각의 텍스트 상자를 클릭해서 텍스트 상자의 조절점을 드래그해서 텍스트 상자의 너비를 글자 너비만큼 조절합니다.

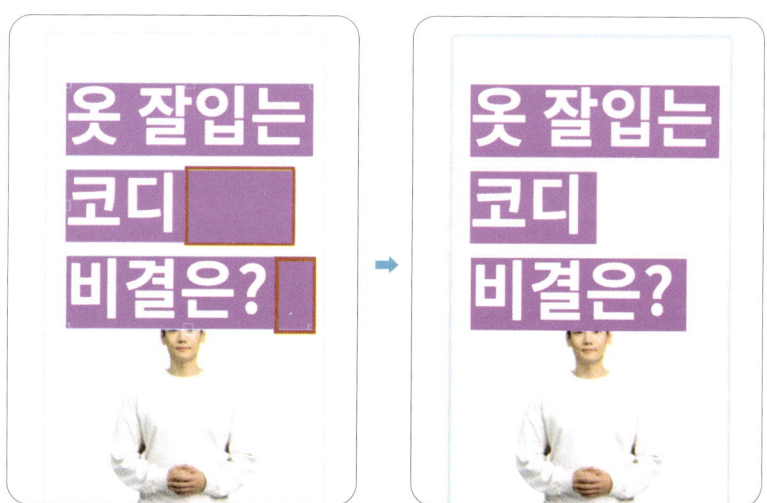

배경색은 텍스트 상자의 크기에 맞게 색이 채워집니다. 텍스트 상자 크기를 조절해서 배경색 영역을 조절합니다.

⑪ 모델을 마우스 오른쪽 클릭한 다음 [Layer Position] - [Bring to Front]를 클릭해서 글자 위에 모델이 나타나게 만듭니다.

⑫ 스크립트 상자에 글을 입력하고 적당한 위치에 제스처를 넣어서 꾸밉니다.

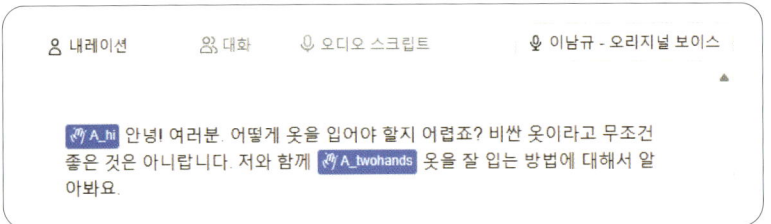

TIP [Layer Positon] 옵션

여러 개의 요소들이 겹쳐 있는 경우 나중에 삽입된 요소가 이전에 삽입된 요소 위에 배치되어 위에 있는 요소가 아래 요소를 가리게 됩니다. 이러한 경우 요소의 순서를 지정할 수 있는데 이때 사용하는 옵션이 [Layer Position]입니다. [Layer Position]은 여러 개의 요소가 겹쳐 있을 경우 특정 요소를 앞으로 또는 뒤로 이동하게 해줍니다.

- Bring to Front : 선택한 요소를 맨 앞으로 이동
- Bring to Forward : 선택한 요소를 한 단계 앞으로 이동
- Send Backward : 선택한 요소를 한 단계 뒤로 이동
- Send to Bottom : 선택한 요소를 맨 뒤로 이동

③ 영상에 배경 음악 넣기

① [미디어] 도구의 [오디오] 탭을 클릭한 다음 배경에 넣을 음악을 찾아 재생 버튼을 눌러 들어 봅니다.

② 배경에 적당한 음악을 찾았으면 해당 목록의 [적용] 버튼을 클릭한 다음 [모든 장면에 적용]을 클릭합니다.

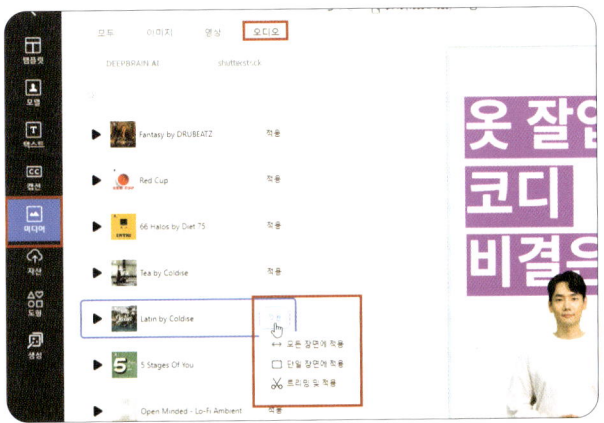

[적용] 버튼을 클릭하면 나타나는 메뉴에서 배경 음악을 모든 프레임 또는 선택한 프레임에 등록할지 지정합니다.

③ 배경 음악이 정상적으로 등록되었으면 프레임 목록에 음악 탭이 추가됩니다.

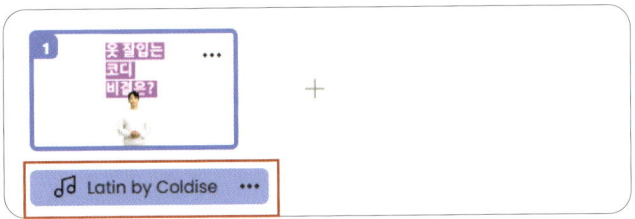

④ [내보내기]를 클릭해서 작업한 영상을 확인합니다.

> **TIP** 배경 음악 삭제하기
>
> 프레임 목록에 등록되어 있는 음악 목록의 ··· 버튼을 클릭하면 나타나는 메뉴에서 [삭제]를 클릭하면 해당 배경 음악이 삭제됩니다.
>
>

PART 02
05 캡션과 예쁜 폰트 사용해서 랜드마크 소개 영상 만들기

\# 원형 얼굴 표시 \# 클립아트 이미지 삽입 \# 도형 추가 \# 캡션 삽입 \# 폰트 파일 추가

    [AI STUDIOS]는 모델을 아이콘 모양으로 만들 수 있고 이미지를 배경 이미지로 지정하고 도형을 이용하여 영상을 꾸밀 수 있습니다. 그리고 스크립트의 내용을 캡션으로 표시하여 보다 손쉽게 자막 처리를 해주는 기능과 폰트 파일을 추가하는 기능도 제공합니다. 여기서는 이러한 기능을 사용하여 에펠탑을 소개하는 영상을 만들어 보겠습니다.

1 모델을 얼굴만 표시하기

1 [AI STUDIOS] 홈페이지에서 [새 프로젝트] - [기본 템플릿]을 클릭합니다.

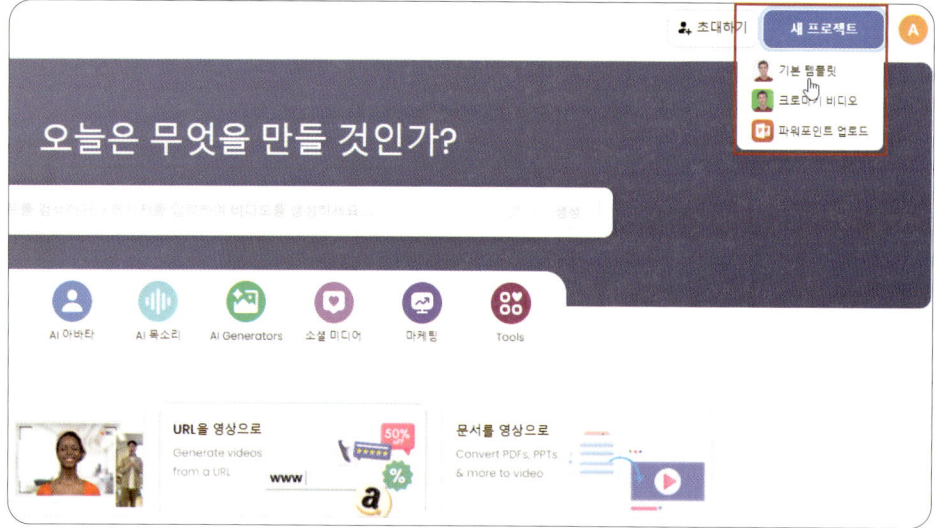

❷ 모델을 클릭한 다음 상단 메뉴에서 [얼굴만] - [Only This Slide]를 클릭합니다.

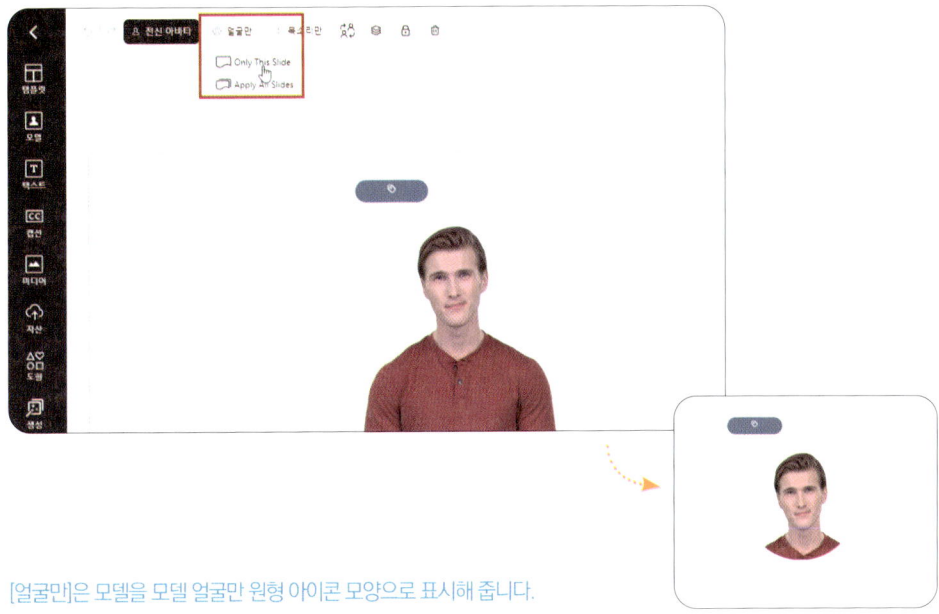

[얼굴만]은 모델을 모델 얼굴만 원형 아이콘 모양으로 표시해 줍니다.

❸ 모델을 마우스로 드래그해서 오른쪽 하단으로 위치시킵니다.

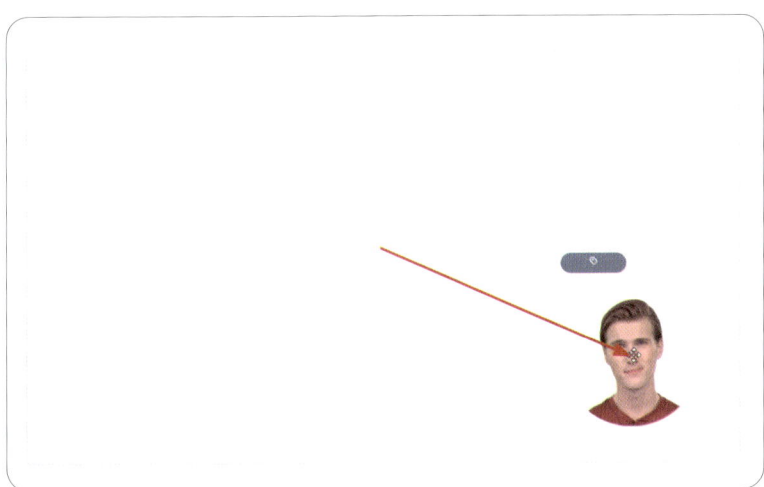

모델을 클릭한 다음 상단 옵션에서 [전신 아바타]를 클릭하면 원래의 전신 모델로 바뀝니다.

② 배경 이미지 넣고 내레이션 상자 만들기

❶ [미디어] 도구를 클릭한 다음 [이미지] 탭을 클릭합니다. 검색창에 '에펠탑'을 검색해서 이미지를 골라 클릭합니다.

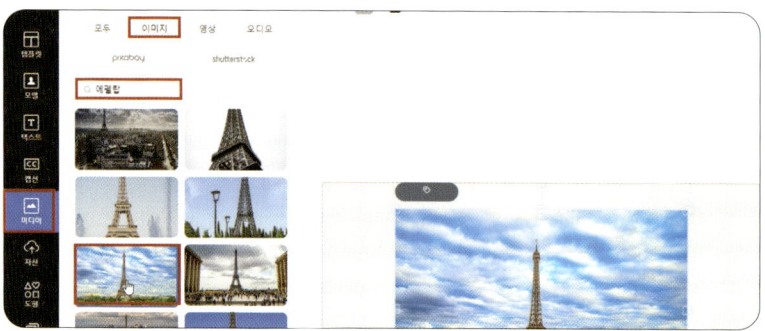

❷ 이미지가 선택된 상태에서 [배경으로 설정] – [이 슬라이드만 적용]을 클릭합니다.

[배경으로 설정]을 이용하여 이미지를 영상 전체에 꽉 차도록 이미지를 넣을 수 있습니다. 이때 이미지 비율이 안맞는 경우 이미지 바깥쪽 부분이 잘릴 수 있습니다.

❸ [도형] 도구를 클릭한 다음 사각형 도형을 클릭합니다.

④ 사각형 도형의 조절점을 드래그해서 크기를 조절하고 도형을 마우스로 드래그해서 위치를 이동해서 다음과 같이 꾸밉니다.

⑤ 전경색 색상표를 열어서 도형에 지정할 색을 선택합니다.

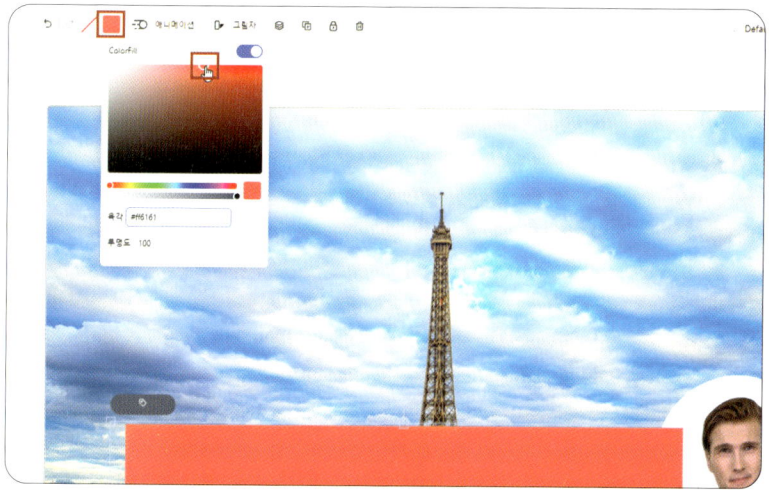

⑥ 모델을 오른쪽 클릭한 다음 [Layers Position] - [Bring to Front]를 클릭해서 모델을 도형 앞으로 위치시킵니다.

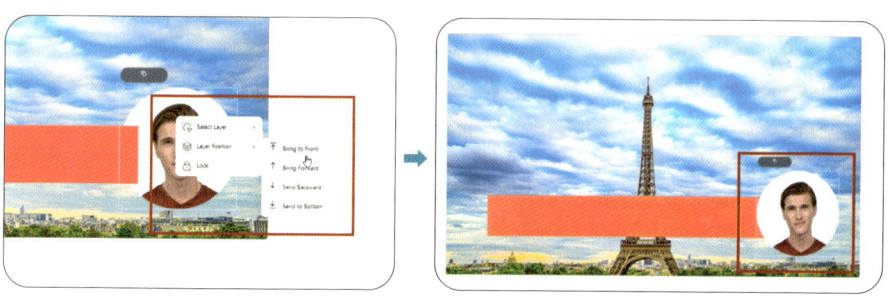

③ 영상에 캡션 달기

1 스크립트 상자에 스크립트를 적습니다.

2 [캡션] 도구를 클릭한 다음 [캡션 생성]을 클릭합니다.

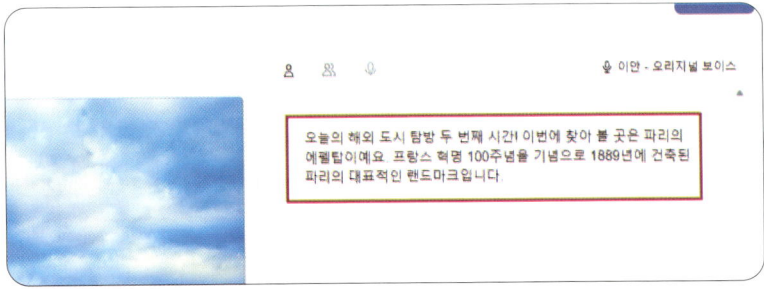

자막 파일이 있다면 [자막 업로드]를 클릭한 후 자막 파일을 업로드할 수 있습니다.

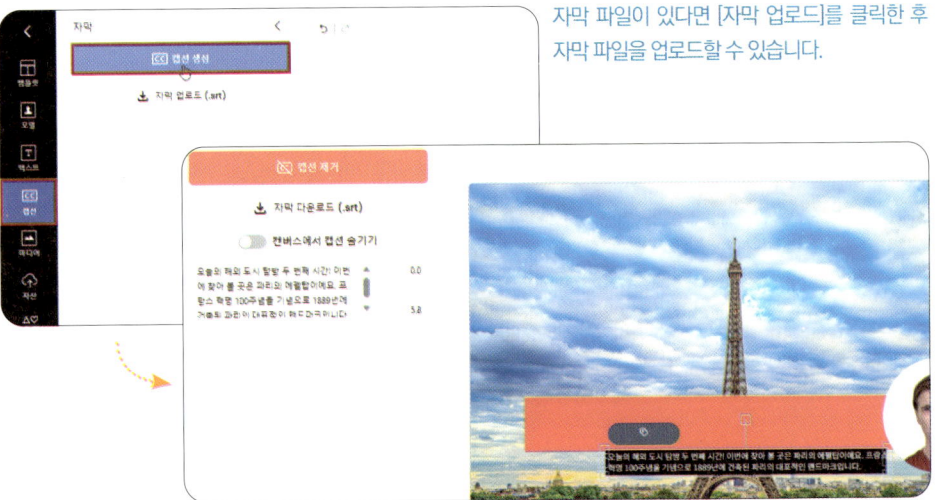

TIP 캡션 옵션

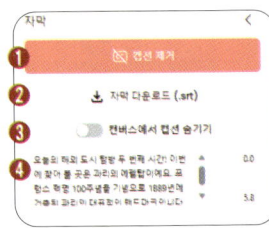

❶ 캡션 제거 : 캡션을 삭제

❷ 자막 다운로드 : 텍스트 내용을 자막 파일(SRT) 파일로 저장

❸ 캔버스에서 캡션 숨기기 : 자막을 일시적으로 감춤

❹ 캡션에 표시할 텍스트 : 내용을 수정해서 스크립트 상자의 내용과 다르게 표시할 수 있음

③ 캡션 상자를 드래그해서 도형 위에 캡션을 배치합니다.

④ 배경색 색상표를 열고 오른쪽 위에 위치해 있는 옵션 버튼을 클릭해서 선택 해제합니다. 검정색의 배경색이 투명하게 바뀝니다.

TIP 캡션 나누어서 표시하기

캡션 창 하단에 마우스 포인터를 위치하면 십자 모양 아이콘이 표시됩니다. 이 아이콘을 클릭하면 캡션 창이 추가되는데 이곳에서 연달아서 표시된 캡션을 넣을 수 있습니다. 하나의 장면에 캡션의 내용이 많은 경우 캡션을 나누어서 표시하고 싶을 때 사용합니다.

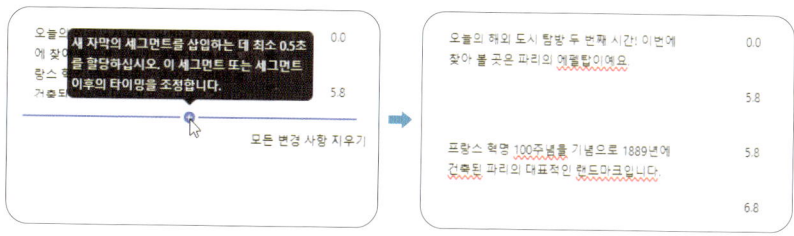

> ④ 폰트 파일 추가해서 예쁜 폰트 사용하기

❶ [자산] 도구를 클릭한 다음 [폰트] 항목에서 [폰트 추가하기] 버튼을 클릭합니다.

[폰트 추가하기]를 통해 폰트 파일을 추가해서 등록할 수 있습니다. 등록된 폰트는 저장되어 있으므로 언제든지 다시 사용할 수 있습니다.

❷ [글꼴 업로드] 버튼을 클릭해서 준비된 폰트 파일을 선택해서 폰트를 등록합니다.

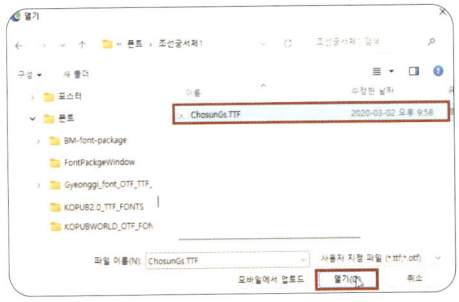

폰트는 임베딩이 가능한 무료 폰트를 이용해야 합니다.
[눈누] 홈페이지(https://noonnu.cc)에서 소개하는 무료 폰트를 다운로드 받아서 사용하도록 합니다.

③ [텍스트] 도구를 클릭한 다음 [제목 추가]를 클릭해서 '에펠탑'이라고 글을 삽입합니다.

④ 폰트 항목의 내림 버튼을 클릭해서 앞에서 등록한 폰트를 선택합니다.

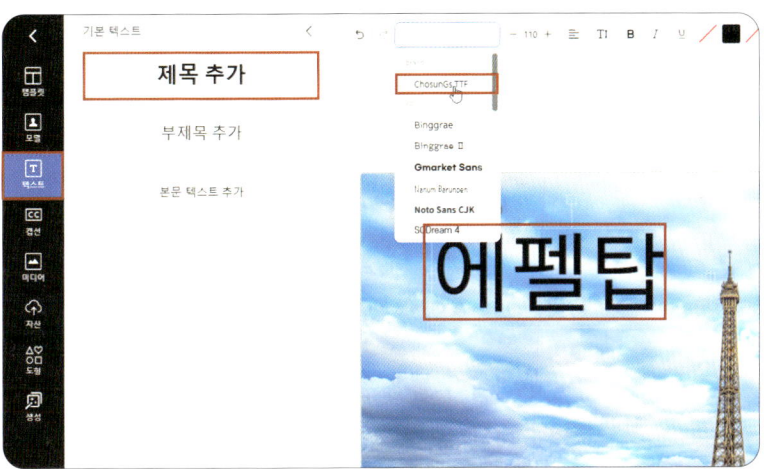

추가된 폰트는 폰트 목록에서 상단에 위치해 있습니다.

⑤ 내보내기를 실행해서 동영상 보기를 실행합니다. 제목 텍스트에 설정한 폰트가 적용되어 나타납니다.

PART 02
06 장면 추가해서 명상 영상 만들기

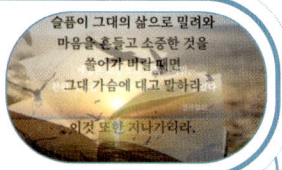

#모델 모습 감추기 #영상 크롭 #장면 추가 #장면 전환 효과 #음성 대기 설정

[AI STUDIOS]는 장면 추가 기능을 이용하여 영상에 새로운 영상을 추가해서 영상끼리 연결해서 영상을 꾸밀 수 있습니다. 여기서는 기본 템플릿으로 영상을 만든 후 새 장면을 추가해 보겠습니다. 그리고 앞에서 만든 예제와 다르게 모델 없이 영상을 만들어 보고 동영상을 배경으로 넣고 장면 이동 시 장면 전환 효과를 넣어서 꾸며 보겠습니다.

① 배경에 동영상 삽입해서 꾸미기

1 [AI STUDIOS] 홈페이지에서 [새 프로젝트] - [기본 템플릿]을 클릭합니다.

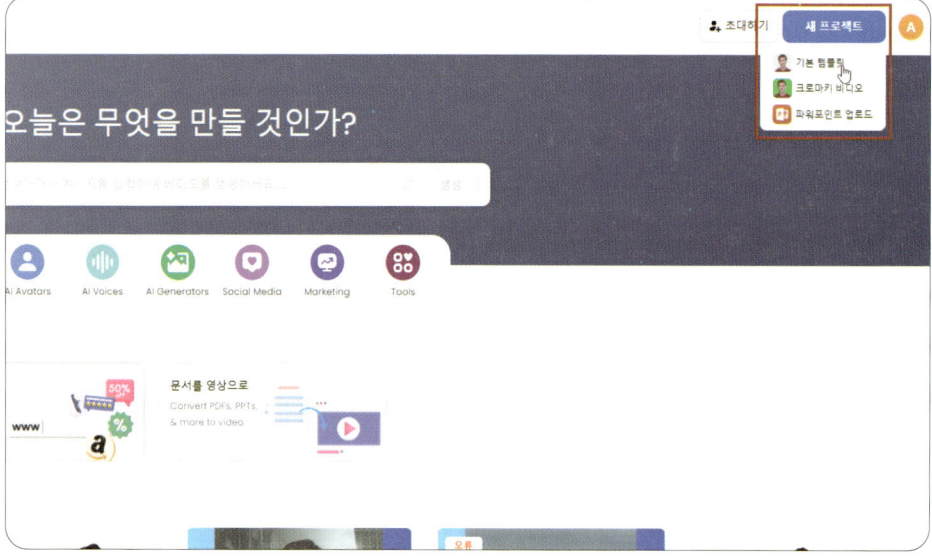

❷ [모델] 도구를 클릭한 다음 영상에 어울릴 만한 목소리를 지닌 모델을 클릭해서 모델을 변경합니다.

❸ 모델이 선택된 상태에서 상단 메뉴에서 [목소리만] - [Apply All Slides]를 클릭합니다.

[목소리만]을 선택하면 모델 이미지는 나타나지 않고 목소리만 재생됩니다. 음성만 나오는 영상을 만들 때 사용합니다.

❹ [미디어] 도구를 클릭한 다음 [영상] 탭에서 배경으로 사용할 동영상을 클릭한 후 조절점을 드래그해서 화면 전체 꽉 차도록 크기를 조절합니다.

[pixabay]와 [Shutterstock]은 이미지, 영상 등의 자료를 제공하는 서비스 업체입니다. 두 업체 중 선택하여 자료를 검색해서 사용할 수 있으며 모두 상업용으로 자유롭게 활용할 수 있습니다.

❺ 동영상이 선택된 상태에서 상단 메뉴에서 ✂ [다듬기]를 클릭합니다.

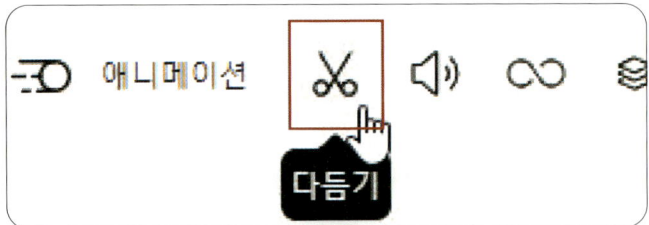

동영상을 클릭하면 상단 메뉴에 관련 옵션이 열립니다.

❻ 영상 하단에 표시되는 편집 창에서 재생 버튼을 눌러 동영상을 확인하고 영상을 자를 부분이 있다면 파란색 가이드를 드래그해서 전체 동영상에서 사용할 영역을 지정한 후 [Trim] 버튼을 클릭합니다.

왼쪽 파란색 가이드 선은 영상이 시작되는 위치, 오른쪽 파란색 가이드 선은 영상이 끝나는 위치를 지정합니다. 영상에서 재생시킬 영역을 가이드 선으로 위치를 지정합니다.

② 장면 추가하고 장면 전환 효과 주기

❶ 장면을 추가하기 위해서 장면 패널에서 [+]를 클릭합니다.

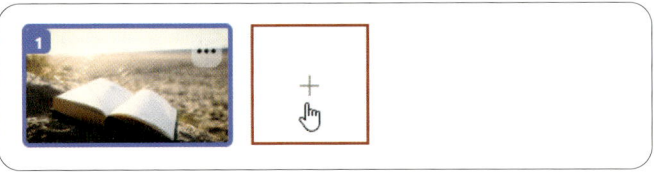

장면이란 분리된 영상 조각을 말합니다. 이러한 영상 조각을 순서대로 나열해서 하나의 영상을 만듭니다.

❷ 두 번째 프레임에서 앞에서 삽입한 동영상을 클릭한 후 [Del]를 눌러 동영상을 삭제합니다.

장면을 추가하면 이전 장면의 내용이 동일하게 표시됩니다.

❸ [미디어] 도구의 [영상] 탭에서 두 번째 프레임에 사용할 동영상을 선택해서 화면 전체에 꽉 차도록 크기를 조절해서 꾸밉니다.

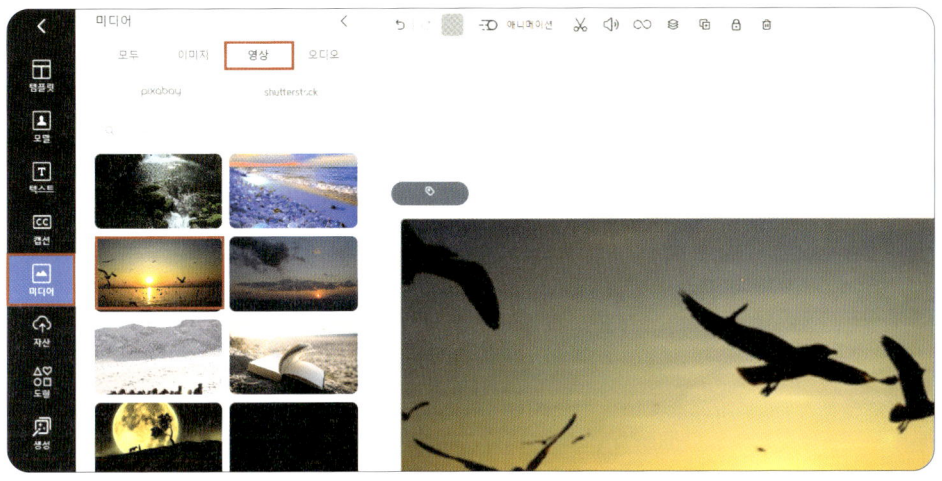

[동영상 검색] 항목에 검색어를 입력해서 관련 자료를 찾을 수 있습니다.

❹ 프레임 패널에서 첫 번째 프레임의 … 을 클릭하고 [전환 편집]을 클릭하면 나타나는 전환 중 장면 전환 효과에 사용할 효과를 클릭해서 선택합니다.

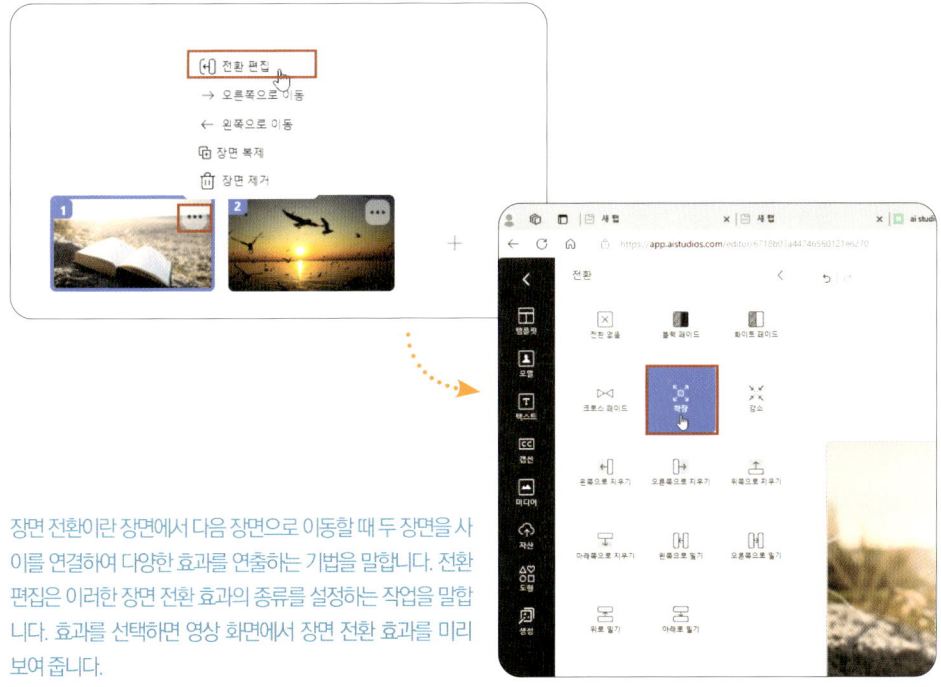

장면 전환이란 장면에서 다음 장면으로 이동할 때 두 장면을 사이를 연결하여 다양한 효과를 연출하는 기법을 말합니다. 전환 편집은 이러한 장면 전환 효과의 종류를 설정하는 작업을 말합니다. 효과를 선택하면 영상 화면에서 장면 전환 효과를 미리 보여 줍니다.

> ③ 잠시 쉬었다가 진행되는 내레이션 꾸미기

① 장면 패널에서 첫 번째 장면을 클릭해서 장면을 이동한 후 스크립트를 작성하고 편집 화면에서 제목 텍스트를 이용하여 글도 입력해서 꾸밉니다.

② 스크립트에서 잠시 대기 시간을 주기 위한 곳을 클릭한 후 ⏱ [일시정지] 버튼을 클릭합니다.

③ 스크립트에 삽입한 [일시 정지] 아이콘을 클릭하면 나타나는 대화 상자에서 잠시 멈출 시간을 입력하고 [저장]을 클릭합니다.

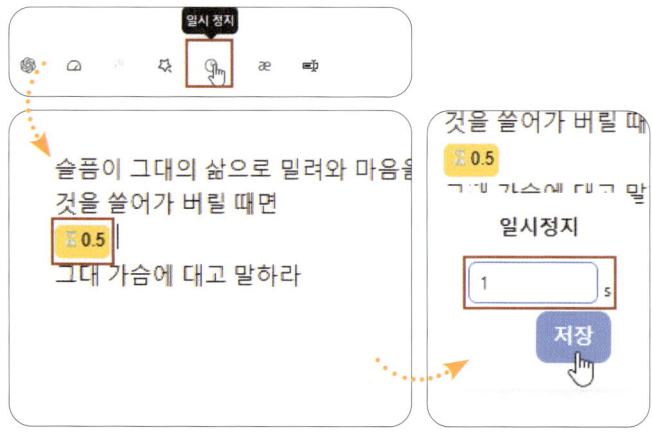

지정된 시간이 흐른 후 다음 내레이션이 진행됩니다.

④ 장면 패널에서 두 번째 장면을 클릭해서 장면을 이동한 후 스크립트를 넣고 제목 텍스트를 추가해서 영상을 꾸밉니다.

⑤ [내보내기]를 실행한 후 동영상 보기를 실행하여 동영상을 확인합니다.

첫 번째 장면이 재생되고 장면 전환 효과가 진행된 후 두 번째 장면이 재생됩니다.

PART 02

07 템플릿을 편집해서
회사 소개 영상 만들기

\# 템플릿 \# 템플릿 편집 \# 템플릿 장면 추가 \# 로고 이미지 등록

[AI STUDIOS]는 내용에 맞게 꾸며놓은 템플릿을 제공합니다. 템플릿을 이용하면 영상을 보다 빠르고 쉽게 만들 수 있도록 해줍니다. 여기서는 템플릿을 불러와서 영상을 편집하는 방법과 로고 이미지를 등록해서 사용하는 방법도 함께 알아보겠습니다.

① 템플릿으로 영상 꾸미기

❶ [AI STUDIOS] 홈페이지에서 [템플릿]을 클릭한 다음 사용하고 싶은 템플릿을 골라 클릭합니다.

템플릿 목록 상단에 사용 목적에 따라 구분되어 있는 카테고리가 있습니다. 여기서 관련 카테고리를 선택하면 보다 빠르게 원하는 템플릿을 찾을 수 있습니다.

❷ 템플릿에 사용된 장면들을 확인한 다음 [템플릿 사용] 버튼을 클릭합니다.

프로젝트 제목 밑에 영상이 가로형인지 세로형인지 표시됩니다. 여기서 원하는 형태를 클릭해서 변경할 수 있습니다.

❸ 선택한 템플릿이 편집 화면으로 이동됩니다.

TIP 템플릿이란

템플릿이란 장면과 텍스트, 모델, 음성 등 영상을 꾸미는 요소들이 지정된 주제에 맞게 설정되어 있는 프로젝트를 말합니다. 빠르게 영상을 만들고 싶을 때 템플릿 목록에서 만들고 싶은 영상과 비슷한 템플릿을 선택하면 내용만 간단하게 수정해서 빠르게 영상을 만들 수 있습니다.

② 템플릿 장면 마음대로 꾸미기

❶ [장면] 패널에서 위치를 이동하고 싶은 장면의 ··· 버튼을 클릭한 다음 [왼쪽으로 이동]을 클릭해서 장면을 왼쪽 장면 앞으로 이동합니다.

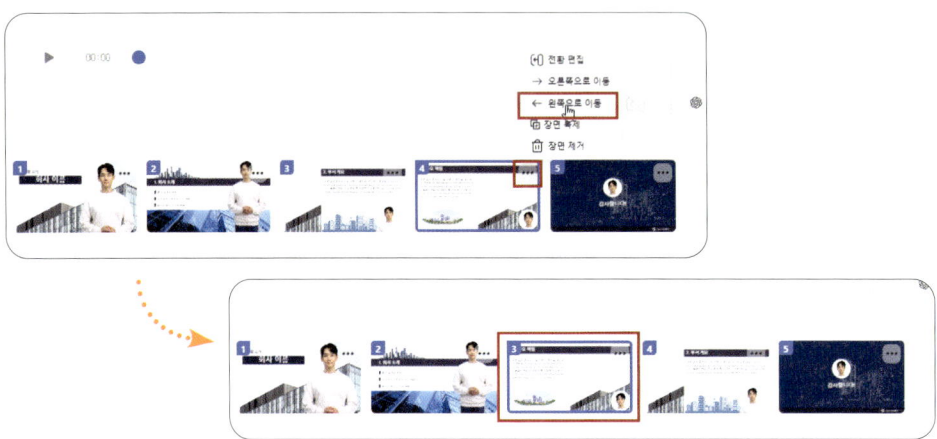

선택한 장면을 [오른쪽으로 이동]을 선택하면 해당 위치에서 오른쪽 장면 다음으로 위치가 이동되고 [장면 복제]를 선택하면 똑같은 장면을 하나 더 만들어 줍니다.

❷ [장면] 패널에서 삭제하고 싶은 장면의 ··· 버튼을 클릭한 다음 [장면 제거]를 클릭합니다.

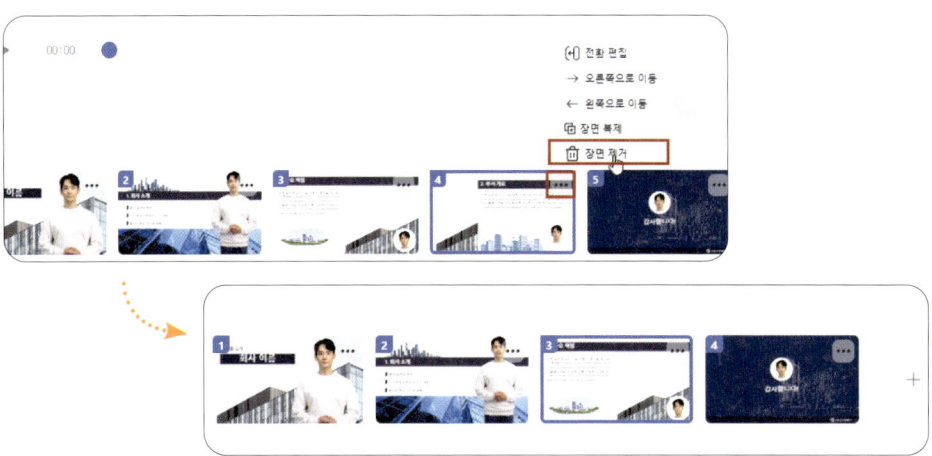

③ [장면] 패널에서 새로운 장면을 추가하고 싶은 위치를 클릭합니다.

④ [템플릿] 도구를 클릭한 다음 사용하고 싶은 템플릿을 클릭합니다.

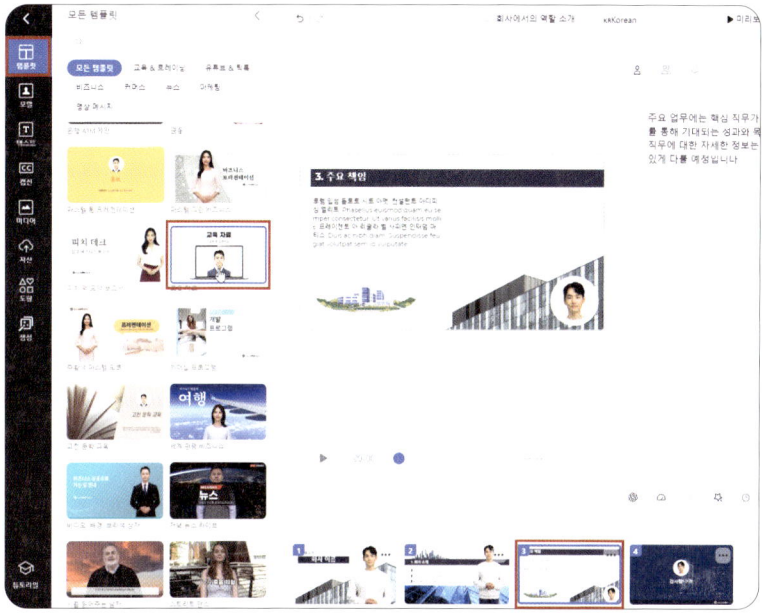

⑤ 템플릿에 포함되어 있는 장면 목록이 나타나면 사용하고 싶은 장면을 클릭해서 [장면] 패널에서 선택한 장면 앞에 새 장면을 추가합니다.

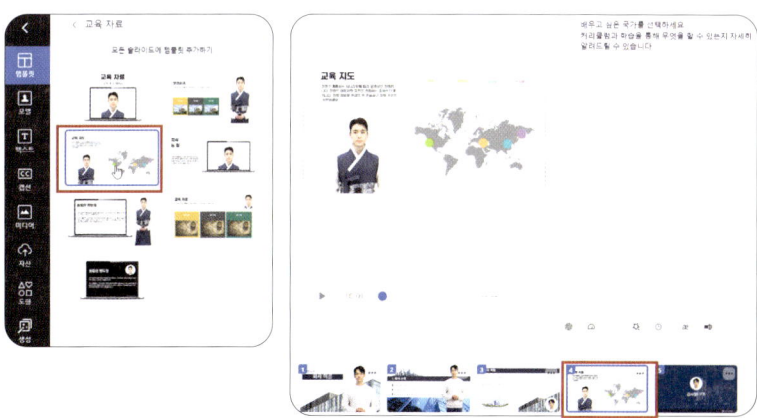

선택한 장면 다음에 장면이 추가됩니다. 이때 추가된 장면에 사용된 모델과 음성이 고스란히 함께 따라옵니다.

⑥ [장면] 패널에서 기존에 있던 장면 중 하나를 선택한 다음 모델을 클릭하고 상단 메뉴에서 [모든 장면에 적용] - [Change All Models]을 클릭합니다.

모델을 선택한 다음 [모든 장면에 적용]을 실행하면 모든 장면의 모델이 선택한 모델로 바뀝니다. 앞에서 다른 템플릿에서 가져온 장면에 삽입되어 있던 모델도 바뀌게 됩니다.

⑦ 각 장면의 내용을 수정해서 영상을 꾸밉니다.

각 장면의 내레이션의 내용을 수정하고 텍스트는 클릭한 후 내용을 입력해서 수정하며 꾸미면 됩니다.

③ 회사 로고 이미지 등록하기

1 [자산] 도구를 클릭한 다음 [로고 추가하기]를 클릭합니다.

2 [Upload logo] 창이 열리면 [Upload logo] 버튼을 클릭한 후 로고로 사용할 이미지 파일을 선택합니다.

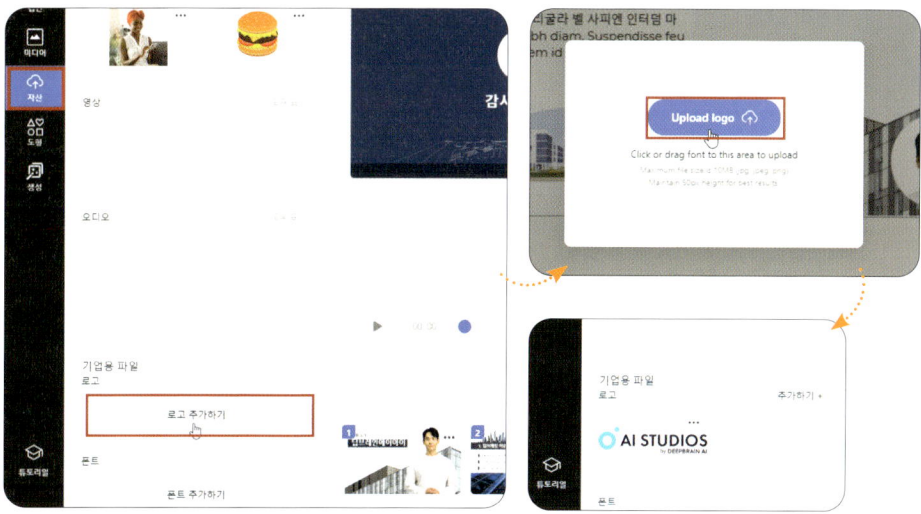

로고 이미지는 JPG, PNG 파일 형식을 지원합니다.

3 [기업용 파일 로고] 항목에서 앞에서 등록한 이미지를 클릭해서 영상에서 삽입해서 꾸밉니다.

[자산] 항목에 기업용 파일 로고를 등록해두면 언제든지 로고를 불러와서 영상에 넣을 수 있습니다. 편집 방법은 이미지 꾸미는 방법과 동일합니다.

PART 02

08 이미지가 나타나고 움직이는 상품 판매 영상 만들기

\# 이미지 크롭 \# 애니메이션 \# 기간 설정 \# 지연 설정 \# 이동 애니메이션 \# 페이드 효과

    [AI STUDIOS]는 이미지 편집 기능을 지원하여 영상에 삽입한 이미지를 잘라서 원하는 크기에 맞게 만들 수 있습니다. 그리고 이미지나 텍스트에 애니메이션을 적용하여 다양한 방법으로 움직이게 만들 수 있습니다. 여기서는 이러한 기능을 이용하여 RC 카를 소개하는 영상을 만들어 보겠습니다.

① TV 속에 쏙 들어가는 이미지 만들기

❶ [AI STUDIOS] 홈페이지에서 [새 프로젝트] - [기본 템플릿]을 클릭합니다.

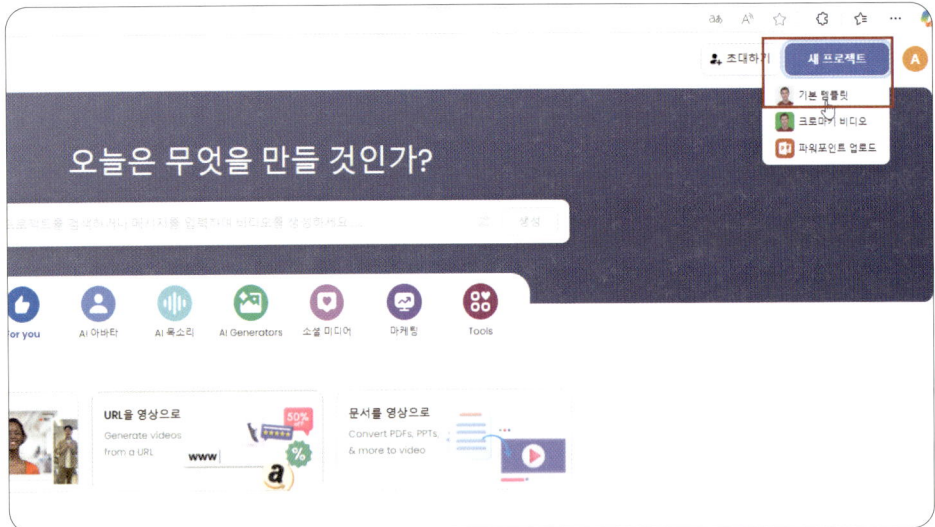

❷ 모델을 클릭한 다음 상단 메뉴에서 [목소리만] - [Only This Slide]를 클릭합니다.

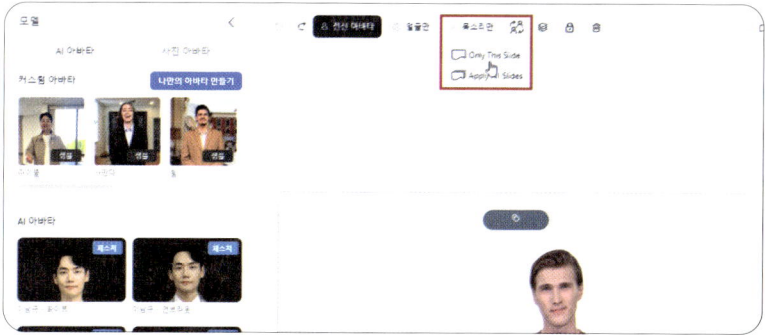

❸ [미디어] 도구의 [이미지] 탭에서 'TV'라고 검색해서 관련 이미지를 클릭해서 이미지를 삽입합니다.

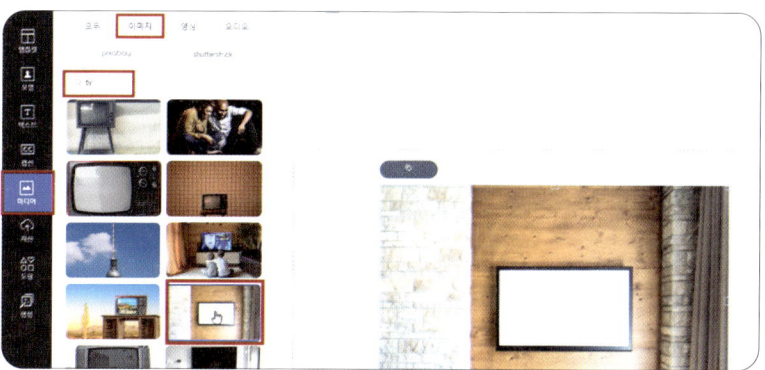

❹ 이미지의 조절점을 드래그하여 화면에 꽉 차게 크기를 조절해서 다음과 같이 배치합니다.

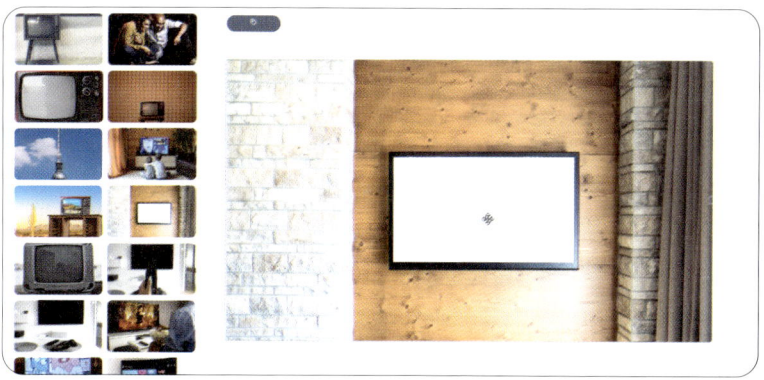

이미지를 화면 크기에 맞게 확대하거나 옵션 메뉴에서 [배경으로 설정]을 클릭해서 배경 이미지로 만들 수 있습니다. 이미지 크기를 조절하는 경우 보다 자유롭게 위치를 조절할 수 있습니다.

⑤ [미디어] 도구의 [이미지] 탭에서 TV 이미지에 넣을 이미지를 찾아서 삽입한 다음 TV 크기에 맞게 이미지 크기를 조절합니다.

⑥ 이미지를 자르기 위해서 이미지가 선택된 상태에서 상단 메뉴에서 ⌐ [자르기]를 클릭합니다.

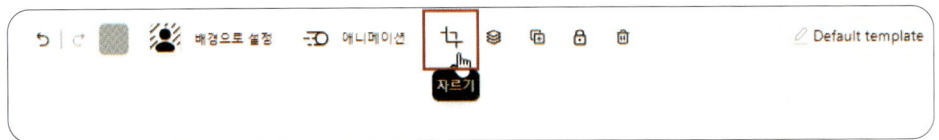

[자르기]는 선택한 이미지의 조절점을 조절하여 바깥쪽 부분을 잘라주는 도구입니다.

⑦ 이미지 조절점을 드래그해서 자르고 싶은 영역을 지정한 후 [Crop]을 클릭합니다.

자르기로 편집한 이미지는 [자산] 탭에 저장됩니다. [자산] 탭을 클릭해서 언제든지 편집한 이미지를 다시 불러 올 수 있습니다.

> ② 이미지가 나타나고 움직이는 효과 만들기

❶ TV 이미지 안에 넣은 이미지를 선택한 다음 [애니메이션] 버튼을 클릭합니다.

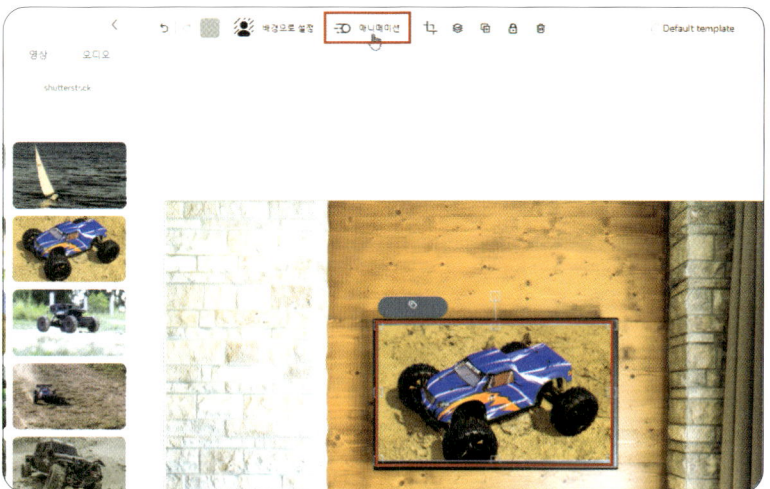

애니메이션은 선택한 이미지 또는 영상을 움직이게하거나 서서히 나타나거나 사라지게 하는 효과를 연출해주는 도구입니다.

❷ [애니메이션] 항목에서 [페이드 인]을 클릭합니다.

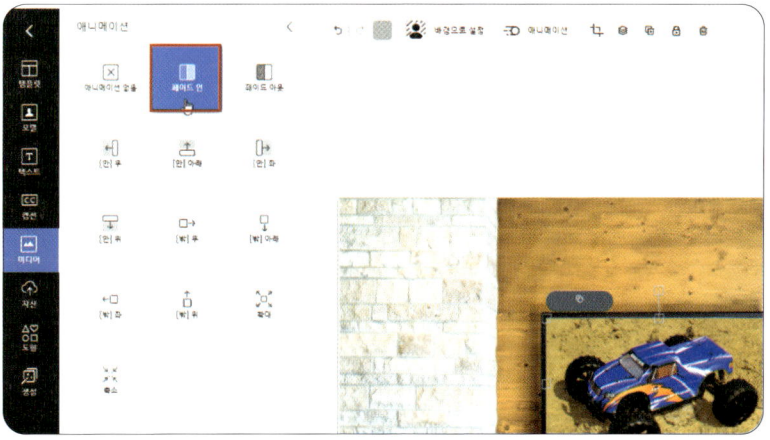

[페이드 인]은 선택한 요소를 서서히 나타나게 하는 효과입니다. [페이드 아웃]은 반대로 선택한 요소를 서서히 사라지게 해줍니다.

❸ 텍스트 도구를 사용해서 다음과 같은 텍스트를 삽입해서 꾸밉니다.

폰트 스타일 : 제목 스타일, 폰트 : Noto Sans CJK, 폰트 크기 : 100, 글자 배경색 : 검정, 글자색 : 빨간색

❹ 텍스트를 선택한 상태에서 [애니메이션] 버튼을 클릭합니다.

❺ [애니메이션] 항목에서 [[안] 위]를 클릭합니다.

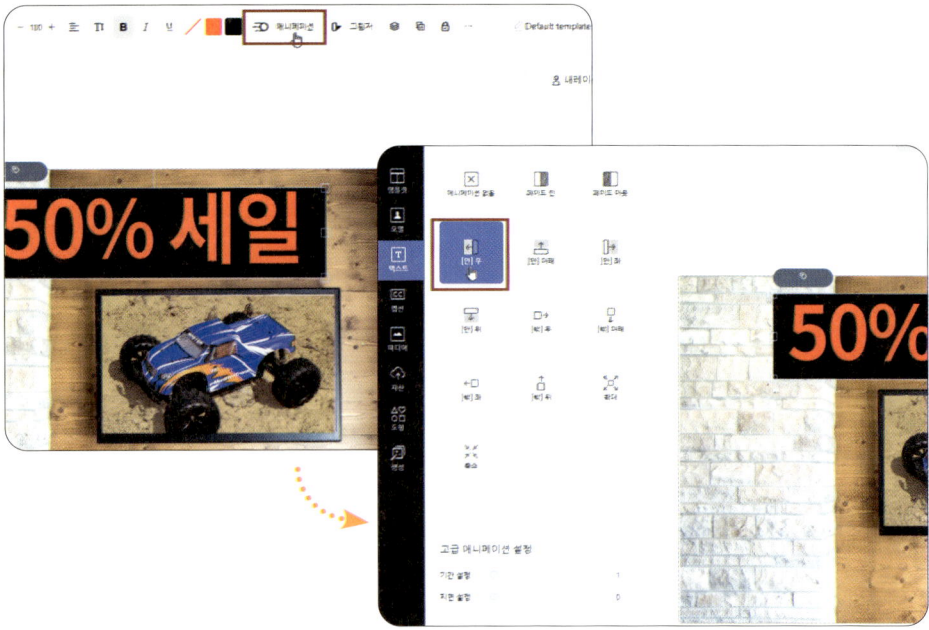

[안]은 선택한 요소를 바깥쪽에서 안쪽으로 이동하는 효과들이고 [밖]은 선택한 요소를 안쪽에서 바깥쪽으로 이동하는 효과들입니다.

6 [고급 애니메이션 설정] 항목에서 [기간 설정]에 '1'을 입력하고 [지연 설정]에도 '2'를 설정합니다.

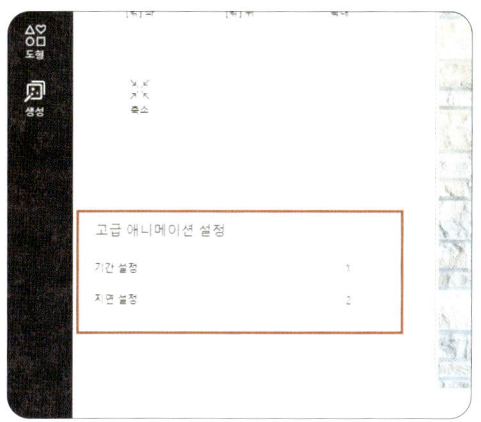

[기간 설정]은 애니메이션이 진행되는 시간을 초 단위로 설정합니다. [지연 설정]은 시성된 시간이 지난 후 애니메이션이 실행되도록 해줍니다.

RC 카 이미지의 애니메이션이 끝난 후에 텍스트에 적용한 애니메이션이 진행하게 만들기 위해서 지연 설정을 2로 설정합니다.

7 [내보내기]를 실행한 후 영상을 재생해봅니다. TV 안에 이미지가 서서히 나타나고 바로 텍스트가 바깥쪽에서 안쪽으로 이동되는 애니메이션이 연출됩니다.

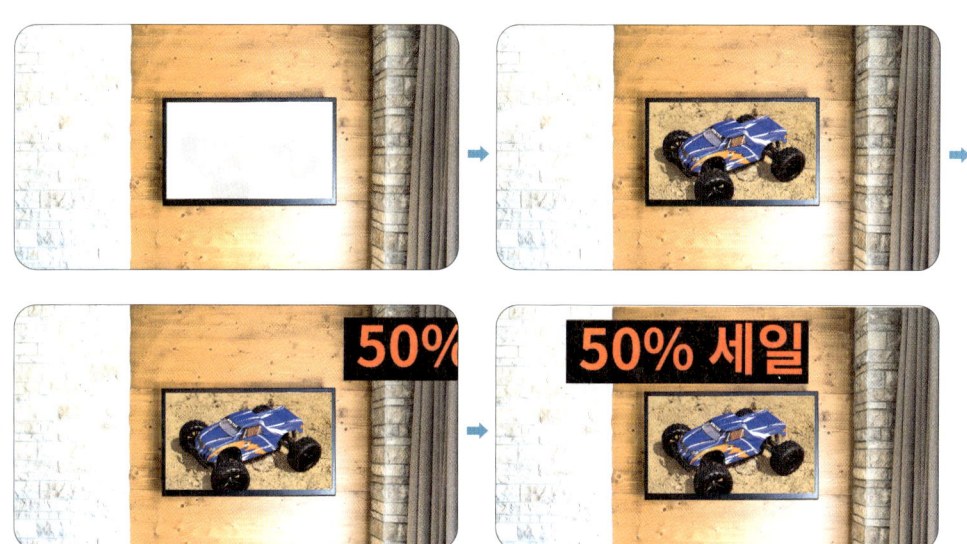

TIP 기간 설정과 지연 설정

여러 개의 애니메이션을 실행하는 경우 기간 설정과 지연 설정은 잘 조절해주어야 원하는 형태의 애니메이션을 만들 수 있습니다. 만일 A 애니메이션이 1초 동안 실행된 후 B 애니메이션이 실행되게 하고 싶은 경우 A 애니메이션에는 기간 설정 1, 지연 설정 0을 지정하고 B 애니메이션에는 기간 설정 1, 지연 설정 1을 지정하면 됩니다.

PART 02
09 번쩍거리는 텍스트 효과를 넣어 상품 소개 영상 만들기

#AI 이미지 생성 #이미지 복제 #확대 애니메이션 #아이콘 애니메이션

[AI STUDIOS]는 AI 이미지 생성 기능을 제공합니다. 이 기능을 이용하여 텍스트 입력만으로 이미지를 생성할 수 있으며 생성된 이미지를 영상에 사용할 수 있습니다. 여기서는 AI로 이미지 생성한 후 이미지에 텍스트를 입력하고 애니메이션을 적용해서 상품 소개 영상을 만들어 보겠습니다.

1 AI 이미지 생성으로 이미지 제작하기

1 [AI STUDIOS] 홈페이지에서 [새 프로젝트] - [기본 템플릿]을 클릭합니다.

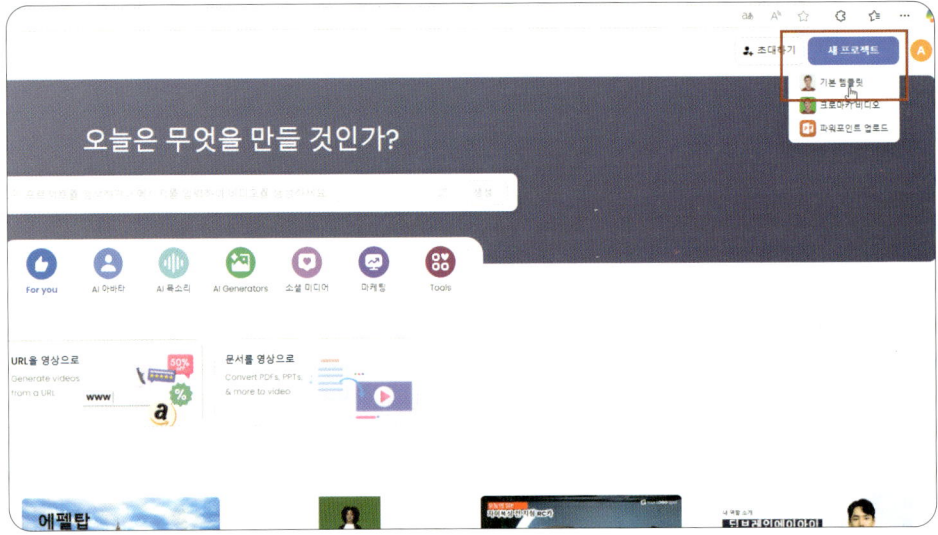

❷ 모델을 클릭한 다음 상단 메뉴에서 [목소리만] - [Only This Slide]를 클릭합니다.

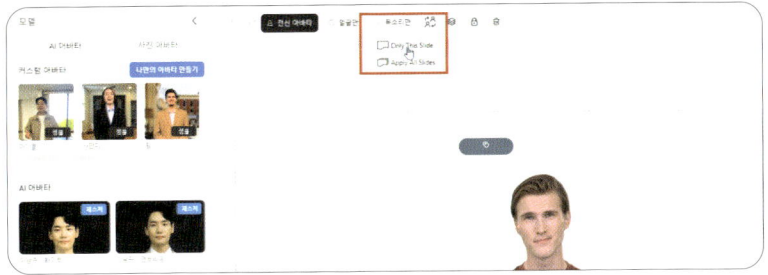

❸ [생성] 탭을 클릭한 다음 프롬프트 창에 생성할 이미지 설명글을 입력하고 [사실적인 이미지], [가로형]을 선택하고 [생성] 버튼을 클릭합니다.

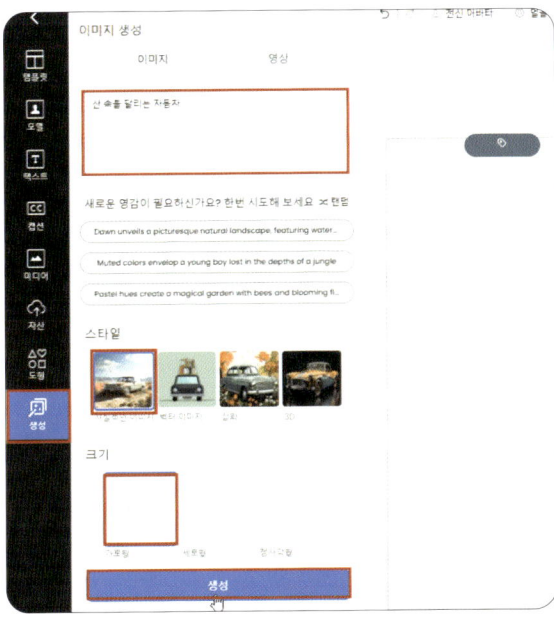

[이미지 생성]은 생성형 AI 이미지를 말하는 것으로 만들고 싶은 이미지를 텍스트로 적으면 AI가 이미지를 생성해주는 기능입니다. 대표적인 AI 이미지 생성 툴인 미드저니, Dall-E 와 같은 기능을 제공합니다.

[AI 생성기] 메뉴에 있는 [이미지 생성기]와 같은 기능입니다.

TIP 이미지 생성 옵션

프롬프트창 : 명령을 입력하는 창으로 영문뿐만 아니라 한글까지 지원. 만들고 싶은 이미지에 대한 특징을 짧막한 문장으로 묘사. 예) 빨간색 드레스와 구두를 신고 춤추는 여인

스타일 : 사진(사실적인 이미지), 벡터 그래픽(벡터 이미지), 드로잉(삽화), 3D 이미지 (3D) 중 원하는 스타일을 선택.

크기 : 생성 이미지 비율을 가로로 길게(가로형), 세로로 길게(세로형), 정사각형 중 선택.

❹ 상단에 생성된 이미지를 클릭해서 영상에 이미지를 삽입합니다.

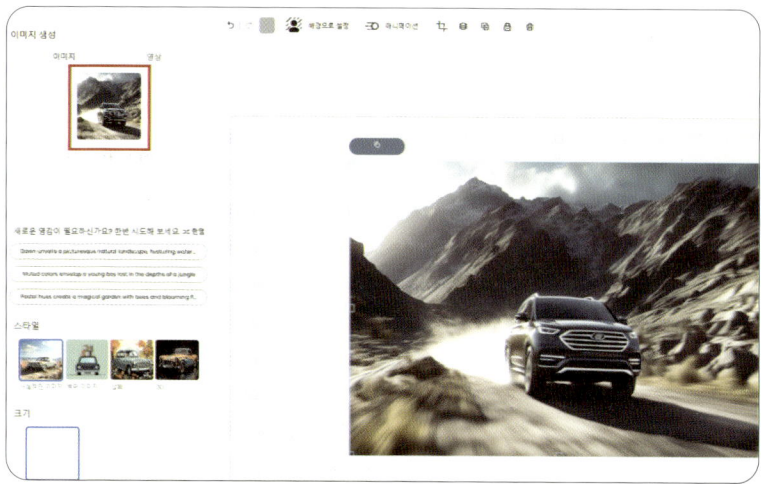

AI로 생성된 이미지는 상단에 섬네일로 표시됩니다. 이 이미지를 사용하려면 섬네일 이미지를 클릭하면 편집창에 이미지가 삽입됩니다. 만일 다른 이미지로 다시 이미지를 만들고 싶으면 [생성] 버튼을 클릭해서 다시 이미지를 만듭니다.

② 텍스트가 날아다니는 효과 만들기

❶ 이미지를 복제하기 위해서 이미지를 클릭한 다음 마우스 오른쪽 클릭하고 [Duplicate]를 클릭합니다.

❷ 복제된 이미지를 클릭한 다음 조절점을 드래그해서 원본 이미지보다 좀 더 크게 확대합니다.

원본 이미지 위에 원본 이미지 보다 확대시킨 복제 이미지를 위치시킵니다.

❸ 복제 이미지를 클릭한 상태에서 [애니메이션] 버튼을 클릭한 다음 [페이드 인]을 클릭합니다.

복제 이미지에 페이드 인 효과를 주면 원본 이미지가 나타나고 잠시 후 복제 이미지가 서서히 나타나게 됩니다. 이때 복제 이미지 크기가 좀 더 크기 때문에 자동차가 확대되는 효과가 연출됩니다.

4 세 개의 텍스트를 추가하여 다음과 같이 꾸밉니다.

텍스트 1 (폰트 스타일 : 제목 스타일, 폰트 : Noto Sans CJK, 폰트 크기 : 105, 볼드체, 글자색 : 빨간색), 텍스트 2 (폰트 스타일 : 제목 스타일, 폰트 : Noto Sans CJK, 폰트 크기 : 130, 볼드체, 글자색 : 빨간색), 텍스트 3 (폰트 스타일 : 부제목 스타일, 폰트 : Noto Sans CJK, 폰트 크기 : 92, 볼드체, 글자색 : 흰색, 글자 배경색 : 파란색)

5 첫 번째 텍스트를 클릭한 다음 [애니메이션]을 클릭하고 [[안]좌], [지연 설정]은 '1'로 설정합니다.

텍스트를 왼쪽 바깥쪽에서 현재 있는 위치까지 움직이는 애니메이션을 설정합니다.

❻ 두 번째 텍스트를 선택한 다음 [애니메이션] 버튼을 클릭하고 효과는 [[안]우], [지연 설정]은 '2'로 설정합니다.

영상이 실행된 지 2초 뒤에 텍스트를 오른쪽 바깥쪽에서 현재 위치까지 움직이는 애니메이션을 실행합니다.

❼ 세 번째 텍스트를 선택한 다음 [애니메이션] 버튼을 클릭하고 효과는 [확대], [지연 설정]은 '3'으로 설정합니다.

영상이 실행된지 3초 뒤에 텍스트를 오른쪽 바깥쪽에서 현재 위치까지 움직이는 애니메이션을 실행합니다.

③ 애니메이션 효과 만들기

1 스크립트 상자 텍스트를 입력합니다.

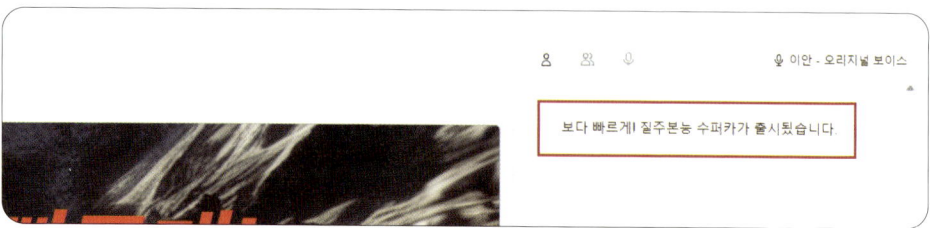

내레이션의 길이와 애니메이션 길이가 잘 맞추어져야 자연스러운 영상이 만들어 집니다. 수시로 미리보기를 실행하여 영상과 음성이 잘 맞는지 맞춰보면서 작업하도록 합니다.

2 스크립트에서 효과를 넣고 싶은 위치를 클릭해서 커서를 위치한 다음 ✵ [효과] 버튼을 클릭합니다.

3 목록에서 삽입하고 싶은 효과를 클릭합니다.

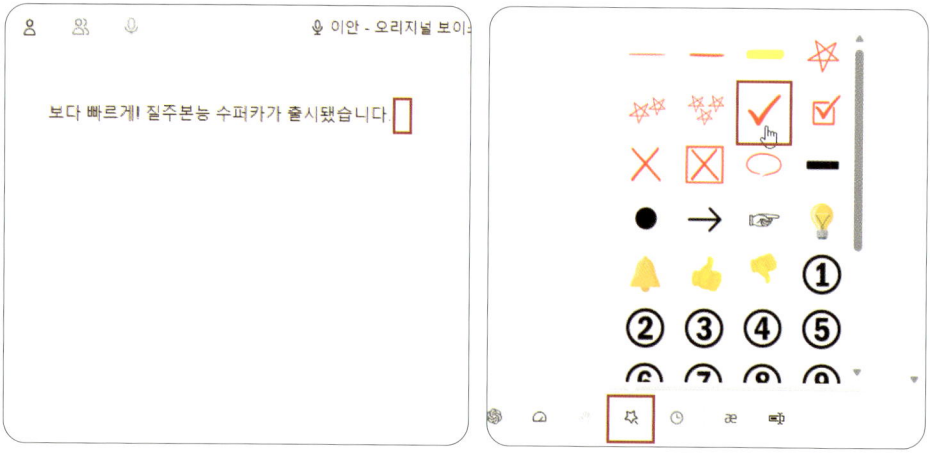

스크립트의 [효과]는 음성이 발화되는 위치에 아이콘이나 밑줄 등의 애니메이션 효과를 표시해주는 기능입니다.

④ 편집창에 효과가 표시되면 아이콘을 표시하고 싶은 곳에 크기와 위치를 조절해서 꾸밉니다.

⑤ [내보내기]를 실행한 후 영상을 재생해봅니다. 자동차가 서서히 커지는 애니메이션이 실행된 후 텍스트가 순서대로 나타나고 내래이션이 끝나면 아이콘도 애니메이션과 함께 나타납니다.

TIP 아이콘 변경하기

효과를 추가하면 스크립트 상자에도 효과 라벨이 표시됩니다. 이 라벨을 클릭하면 나타나는 목록에서 다른 효과로 변경할 수 있습니다. 그리고 목록 하단에 위치해 있는 [효과 지우기]를 클릭해서 아이콘을 삭제할 수 도 있습니다.

PART 02

10 두 명의 모델이 대화하면서 소개하는 이야기 영상 만들기

#배경 삭제 #단색 배경 #도형 회전 #모델 추가

[AI STUDIOS]는 모델을 여러 명 등장시켜 진행할 수 있습니다. 여기서는 2명의 모델을 등장시켜 서로 대화하면서 진행하는 방법에 대해서 알아보겠습니다. 그리고 애니메이션 효과를 이용하여 모델이 서서히 나타나게 하여 보다 재미있게 영상을 꾸미는 방법도 알아보겠습니다.

① 단색 배경으로 꾸미기

1 [AI STUDIOS] 홈페이지에서 [아바타]를 클릭해서 사용하고 싶은 모델을 선택합니다.

❷ 모델을 드래그해서 화면 오른쪽에 배치해서 꾸밉니다.

❸ 배경을 삭제하기 위해서 배경 부분을 마우스 오른쪽 클릭한 다음 [Remove Background] - [Only This Slide]를 클릭합니다.

배경을 지우면 녹색으로 배경을 표시해 줍니다.

❹ 상단 메뉴에서 [배경]을 클릭한 다음 배경색을 선택합니다.

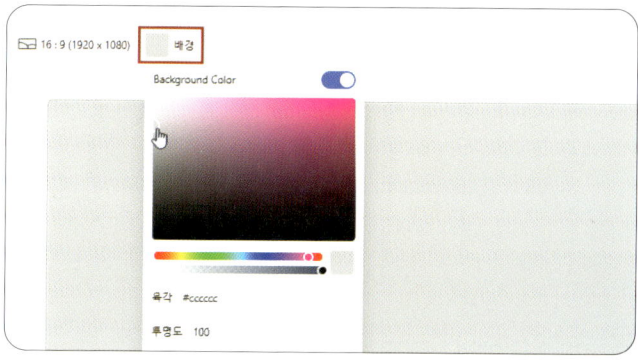

[육각] 항목에 있는 색상표 코드를 적어둔 후 이 코드를 입력하면 언제든 동일한 색상을 사용할 수 있습니다.

10. 두 명의 모델이 대화하면서 소개하는 이야기 영상 만들기

② 도형을 이용하여 로고 만들기

1 [도형] 도구를 클릭한 다음 삼각형 도형을 선택해서 삽입한 다음 조절점을 드래그해서 도형 크기를 조절합니다.

2 삼각형 도형 위의 표시되어 있는 조절점을 마우스로 드래그해서 도형을 회전시켜서 다음과 같이 꾸밉니다.

도형 위에 조절점이 있는데 이 조절점을 드래그해서 도형을 회전시킬 수 있습니다.

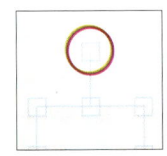

도형을 회전할 때 조절점 옆에 현재 회전 각도 크기를 표시해 줍니다.

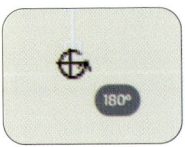

❸ 도형의 채우기 색은 노란색, 배경색은 흰색으로 지정하고 [테두리 너비]를 '2'를 선택해서 꾸밉니다.

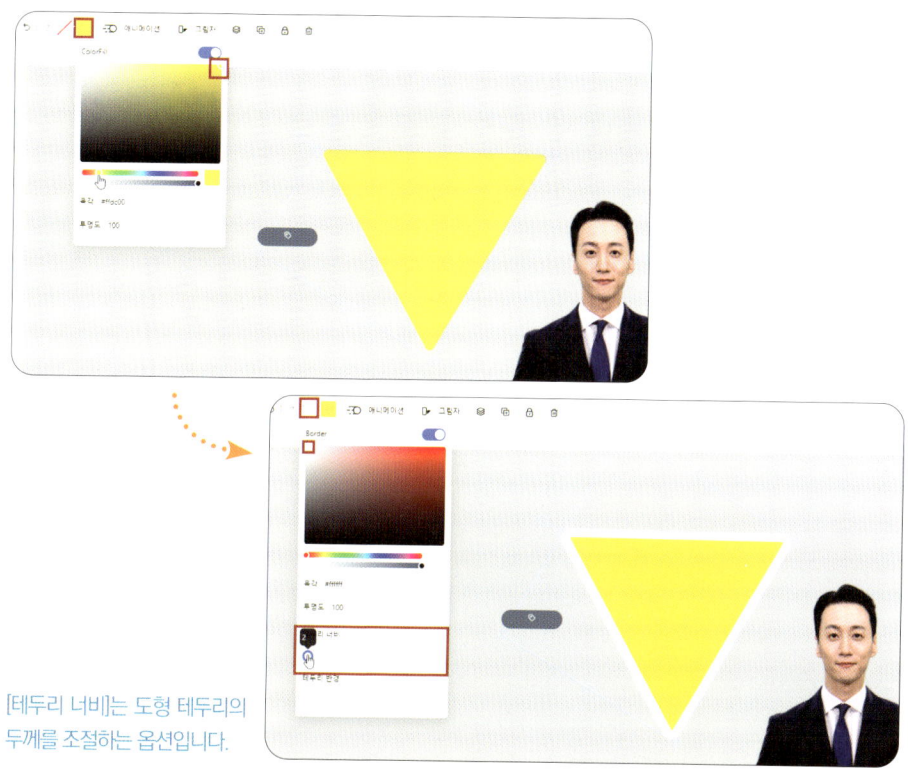

[테두리 너비]는 도형 테두리의 두께를 조절하는 옵션입니다.

❹ [텍스트] 도구를 이용해서 두 개의 텍스트 상자를 추가해서 다음과 같이 꾸밉니다.

5️⃣ 텍스트 [줄긋기] 버튼을 클릭한 다음 색상은 흰색, 외곽선 굵기는 '10.2', 선 위치는 [윤곽선]으로 설정합니다.

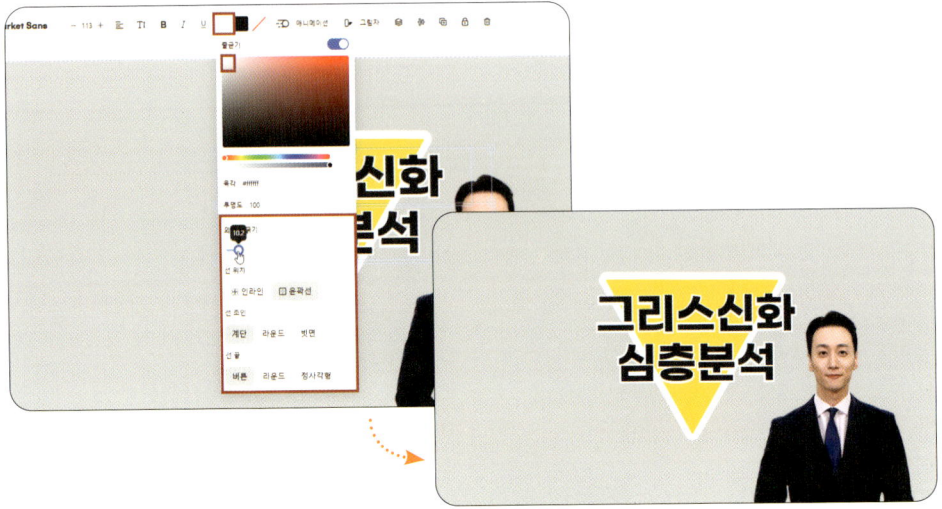

[선 위치]에서 [인라인]을 선택하면 테두리 안쪽 두께를 조절하고 [윤곽선]은 테두리 바깥쪽 두께를 조절해줍니다. [선 조인]에서 [계단]을 선택하면 테두리 모서리를 직각으로 처리하고 [라운드]를 선택하면 모서리를 둥글게 처리합니다.

③ 모델 추가해서 꾸미기

1️⃣ 다수의 모델을 이용하기 위해서 내레이션 박스에서 👥 탭을 클릭합니다.

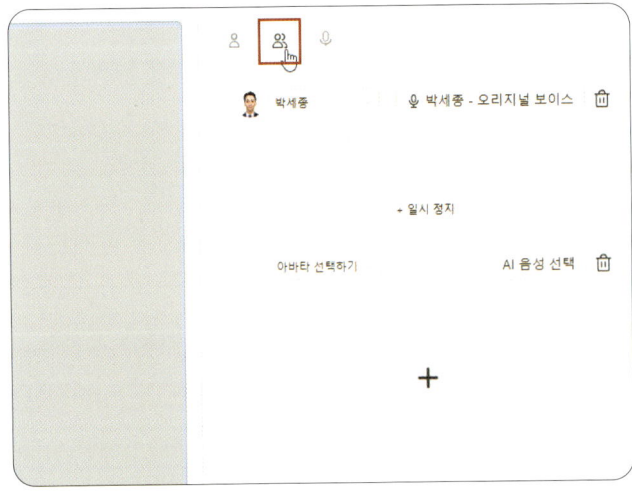

👥 탭을 클릭하면 2인 이상의 모델을 이용할 수 있습니다. ➕ 버튼을 클릭해서 모델을 더 추가할 수 있습니다.

❷ 두 번째 대화 상자에서 [아바타 선택]을 클릭한 다음 [아바타 추가]를 클릭합니다.

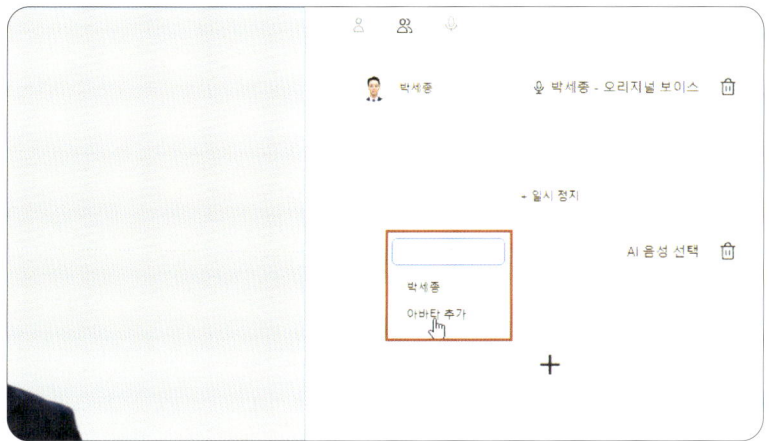

[AI 음성 선택] 버튼을 클릭해서 음성도 변경할 수 있습니다.

❸ 아바타 목록에서 사용하고 싶은 모델을 클릭한 후 모델 이미지를 드래그해서 위치를 조절합니다.

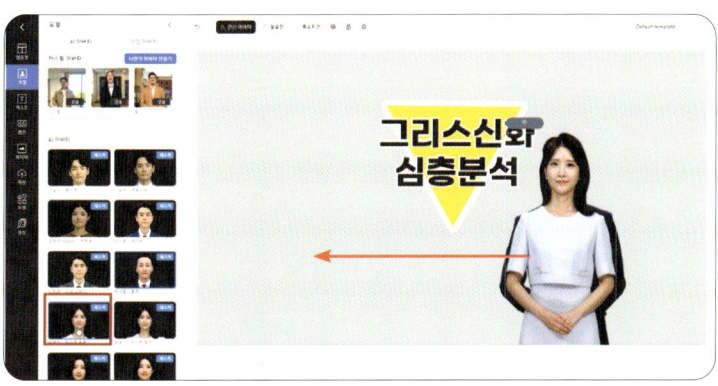

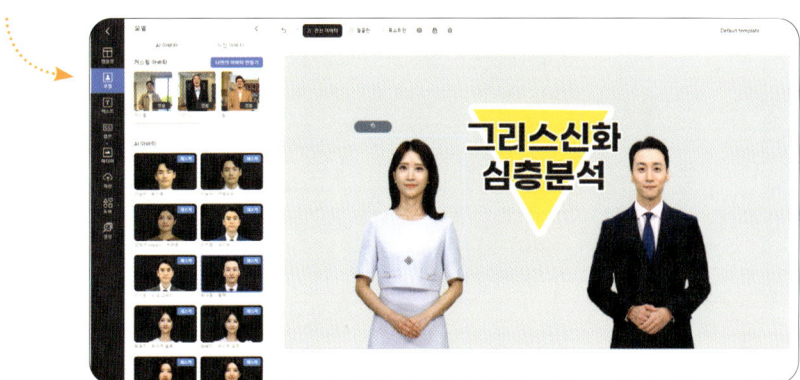

④ 두 번째 스크립트 상자에도 텍스트를 작성합니다.

⑤ 적당한 위치에 제스처도 지정해서 꾸밉니다.

첫 번째 내레이션이 끝난 후 두 번째 내레이션이 연결해서 진행됩니다.

④ 모델이 서서히 나타나게 꾸미기

① [도형] 도구를 클릭한 다음 사각형 도형을 이용하여 여자 모델이 감춰지도록 배치합니다.

사각형 도형에 페이드 아웃 애니메이션 효과를 주어 도형이 서서히 사라지게 하여 도형 밑에 있는 모델이 서서히 나타나게 만드는 효과를 만들도록 하겠습니다.

② 도형의 색을 앞에서 지정한 배경색과 같은 색으로 설정합니다.

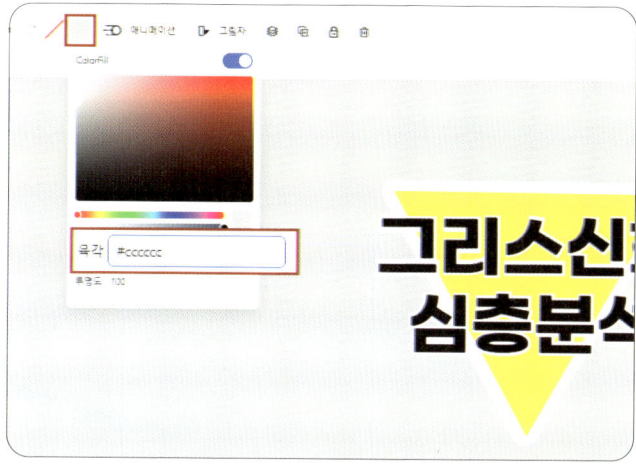

배경색에 사용했던 [육각]의 색상 코드를 적으면 동일한 색으로 지정할 수 있습니다.

③ 도형이 선택된 상태에서 [애니메이션] 버튼을 클릭한 다음 [페이드 아웃]을 클릭합니다. [지연 설정]에 여자 모델이 나타나게 할 타이밍의 시간을 설정합니다.

미리보기를 실행하여 남자 내레이션이 끝나고 여자 모델이 나타나게 할 시간을 체크해서 [지연 설정]에 적용합니다.

④ [내보내기]를 실행한 후 동영상 보기를 실행합니다. 남자 모델이 내레이션이 진행된 후 여자 모델이 서서히 나타나서 내레이션이 진행됩니다.

[애니메이션] 효과는 모델에는 적용되지 않습니다.

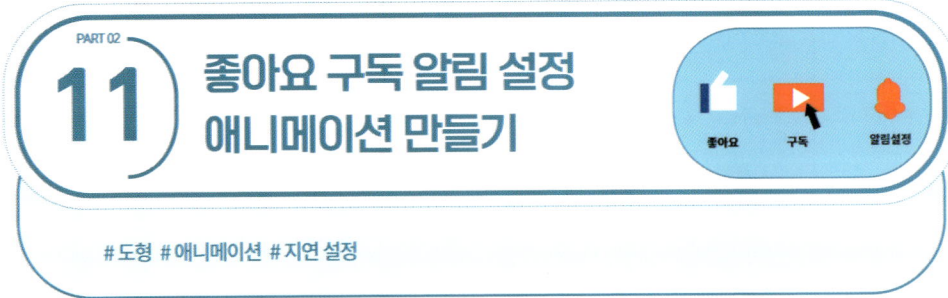

PART 02
11 좋아요 구독 알림 설정 애니메이션 만들기

#도형 #애니메이션 #지연 설정

유튜브 영상에 '좋아요', '구독', '알림' 설정을 표시하는 애니메이션을 많이 사용합니다. 여기서는 도형을 이용하여 아이콘을 만들어 보고 애니메이션을 이용하여 아이콘이 표시되도록 만들어 보겠습니다.

① 로고에 화살표 표시하는 애니메이션 만들기

❶ [AI STUDIOS] 홈페이지에서 [새 프로젝트] - [기본 템플릿]을 클릭합니다.

❷ 모델을 클릭한 다음 상단 메뉴에서 [목소리만] - [Only This Slide]를 클릭합니다.

③ 배경 이미지를 삭제한 후 배경색을 다음과 같은 색으로 변경합니다.

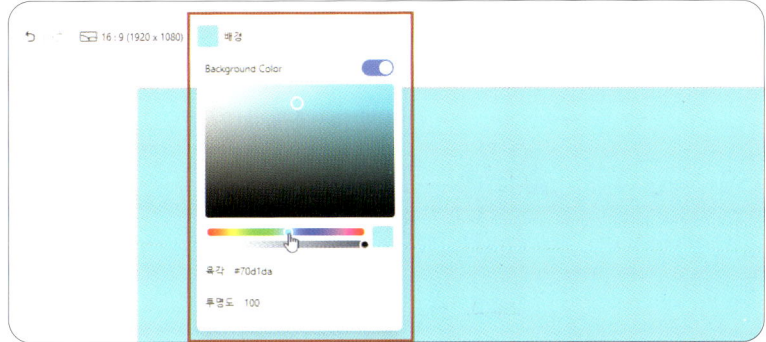

④ [도형] 도구에서 사각형 도형을 선택해서 삽입한 후 도형색과 크기를 조절해서 꾸밉니다.

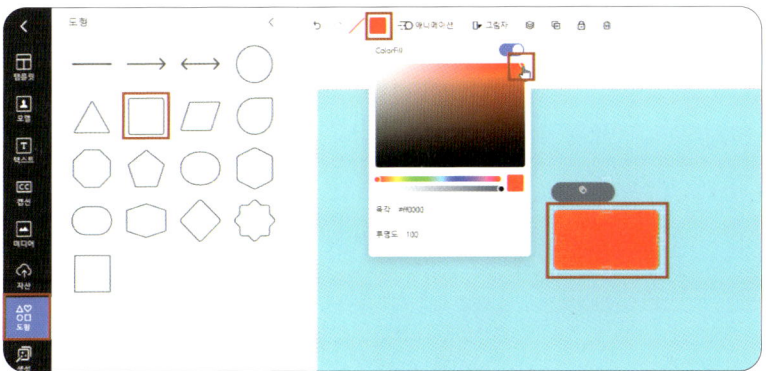

앞부분에 위치해 있는 사각형은 모서리가 둥근 사각형입니다.

⑤ 삼각형 도형을 삽입해서 유튜브 로고를 꾸밉니다.

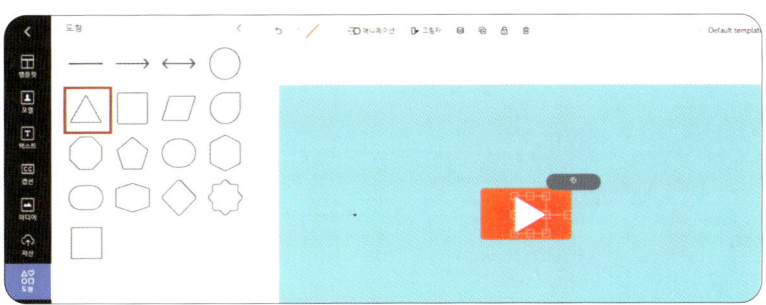

삼각형 도형을 회전시켜서 꾸밉니다.

6 사각형 도형과 삼각형 도형을 이용하여 화살표를 만듭니다.

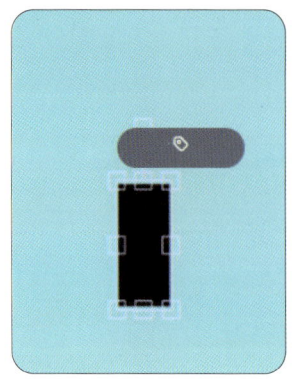 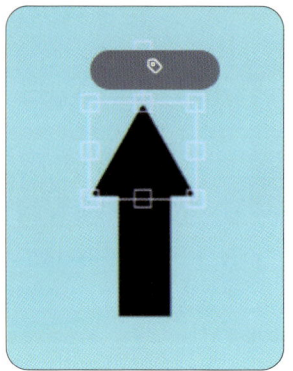

7 Shift 를 누른 상태에서 두 개의 도형을 클릭해서 선택한 다음 도형 상단에 위치해 있는 회전 핸들을 드래그해서 도형을 회전시킵니다.

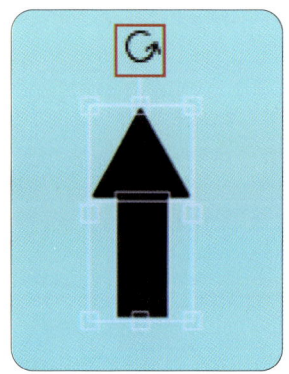 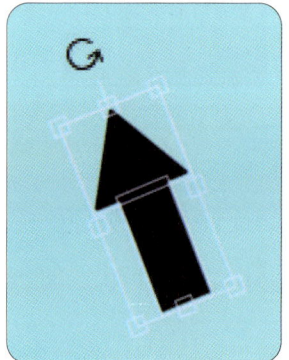

8 선택되어 있는 도형을 마우스로 드래그해서 다음 위치로 이동시킵니다.

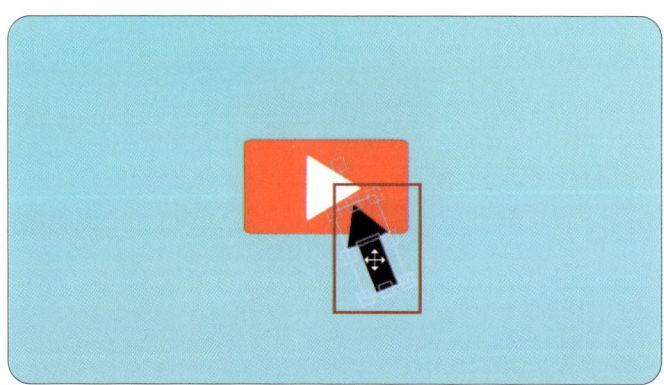

⑨ 삼각형 도형을 클릭한 다음 [애니메이션] - [[인]아래]를 설정합니다.

⑩ 같은 방법으로 사각형 도형도 같은 방법으로 애니메이션을 설정합니다.

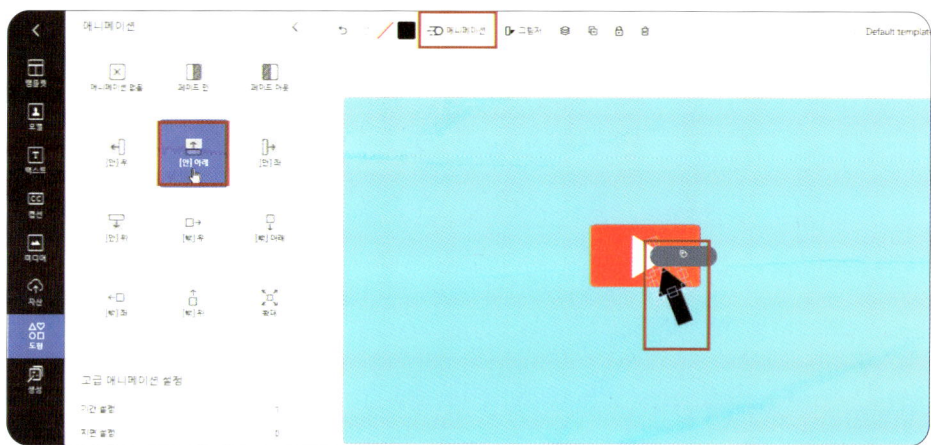

애니메이션은 여러 개의 도형을 함께 설정할 수 없으므로 각각의 도형마다 애니메이션을 설정합니다. 삼각형과 사각형 도형을 같은 속성으로 애니메이션을 설정하면 같이 움직이게 됩니다.

(② 순서대로 아이콘이 나타나게 만들기)

❶ [도형] 도구에서 사각형 도형을 클릭한 후 흰색 사각형을 만듭니다.

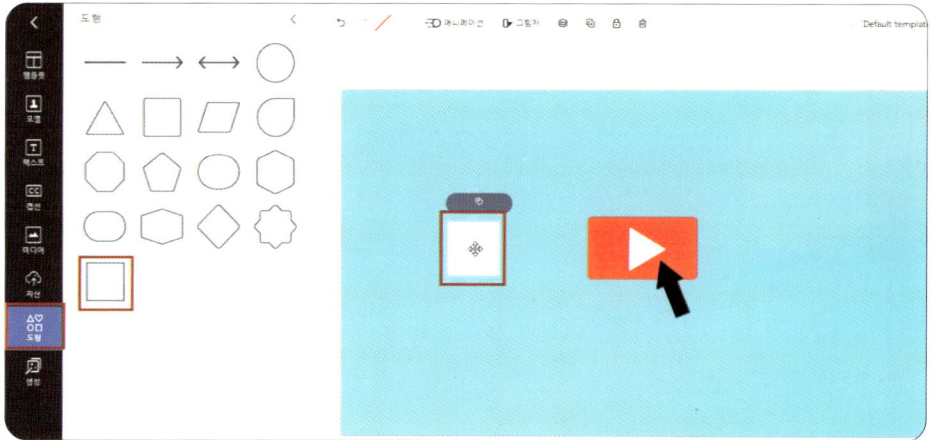

11. 좋아요 구독 알림 설정 애니메이션 만들기   115

❷ 사각형 도형을 2개 삽입하여 직사각형 두개를 만들어서 좋아요 아이콘을 만듭니다.

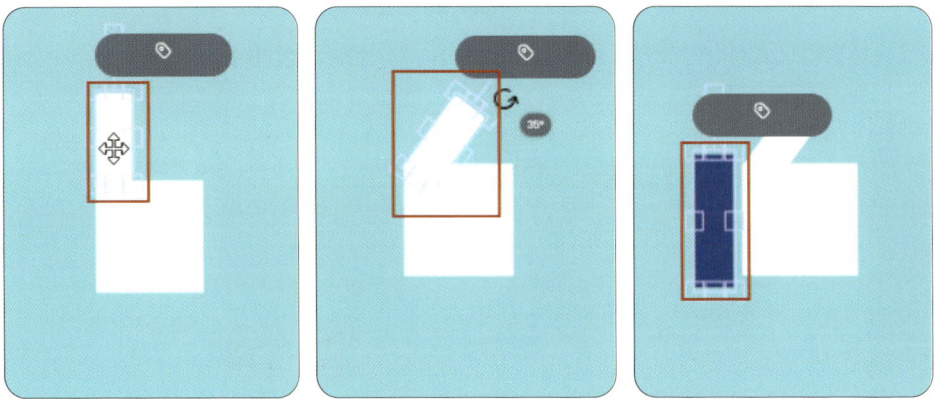

직사각형 도형을 만든 후 살짝 회전시켜서 손가락 모양으로 만들고 다른 직사각형 도형으로 손목을 표현해서 꾸밉니다.

❸ 손 모양을 구성하고 있는 사각형 도형을 클릭한 다음 [애니메이션]을 클릭하고 [페이드 인]을 클릭합니다.

❹ [지연 설정]에 '3'을 입력해서 꾸밉니다.

❺ 손모양을 구성하는 다른 2개의 도형도 같은 방법으로 애니메이션을 설정합니다.

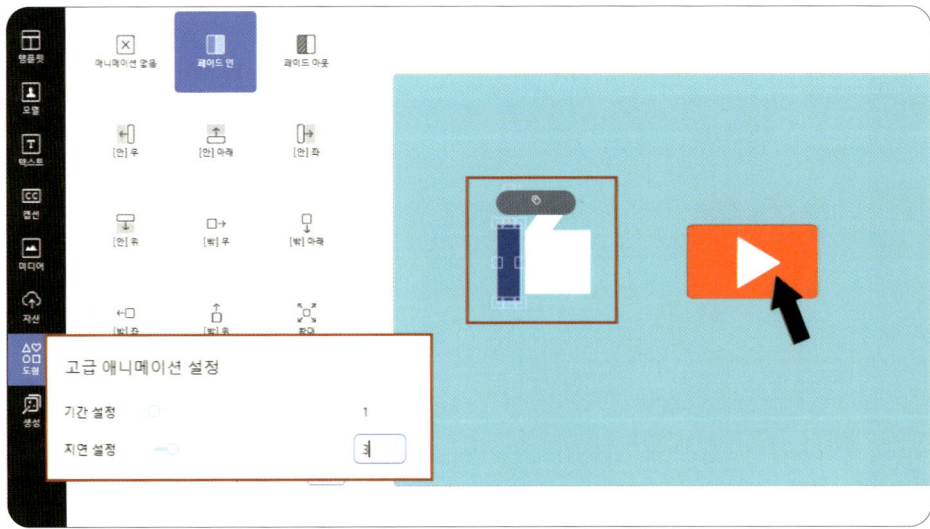

[지연 설정]을 설정하여 앞에서 설정한 애니메이션이 진행된 후 진행되도록 설정합니다.

❻ [도형] 도구에서 둥근 사각형을 선택해서 빨간색 둥근 사각형을 만듭니다.

❼ 둥근 사각형 1개와 원 도형 2개로 종 모양을 만듭니다.

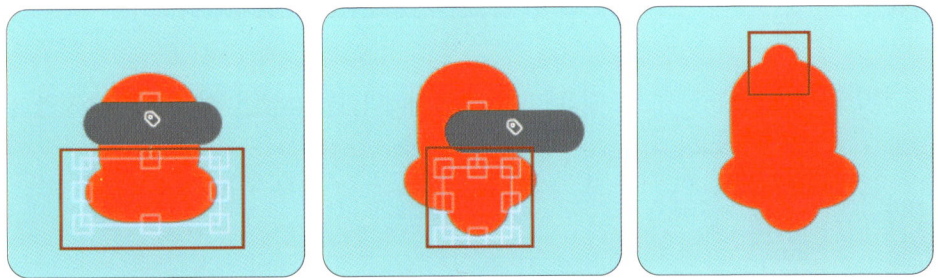

둥근 사각형으로 종의 밑부분을 만들고 원 도형으로 종의 상부와 하부의 모양을 꾸밉니다.

❽ 종 모양을 구성하는 각각의 도형에 [페이드 인] 애니메이션을 설정합니다. 이때 지연 설정을 모두 '4'로 설정합니다.

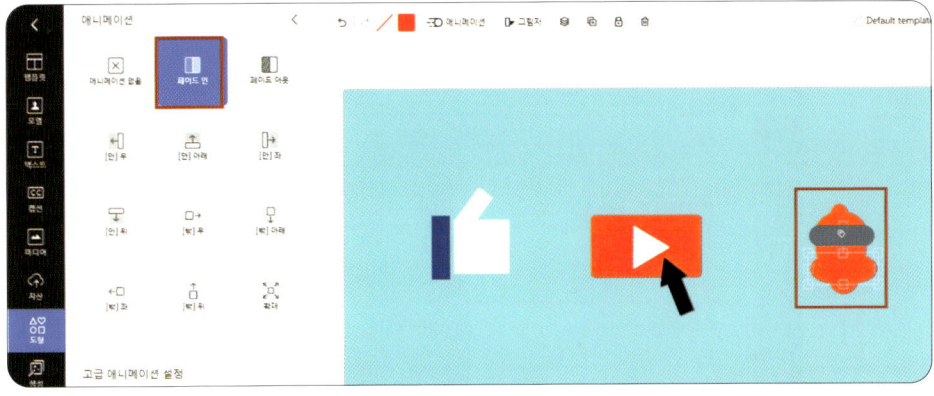

화살표 애니메이션, 손 모양 애니메이션 다음에 애니메이션을 실행하기 위해서 지연 설정을 '4'로 설정합니다.

> ③ 텍스트 순서대로 나타나게 만들기

1 [텍스트] 도구를 클릭한 다음 [부제목 추가]를 눌러 '좋아요' '구독' '알림 설정' 텍스트 3개를 만들어서 삽입합니다.

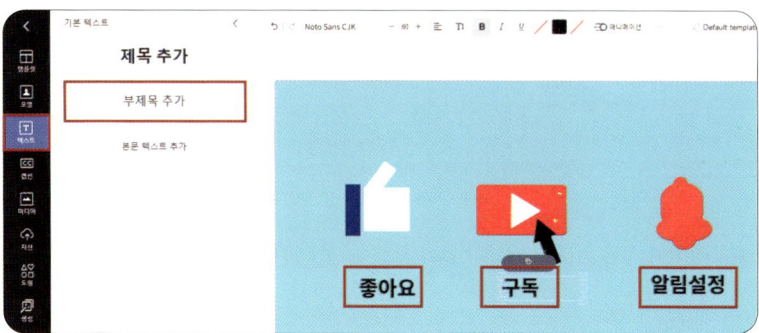

2 '좋아요'와 '알림 설정' 텍스트에 [페이드 인] 애니메이션을 설정합니다. 이때 각각 지연 설정에 '3', '4'를 설정합니다.

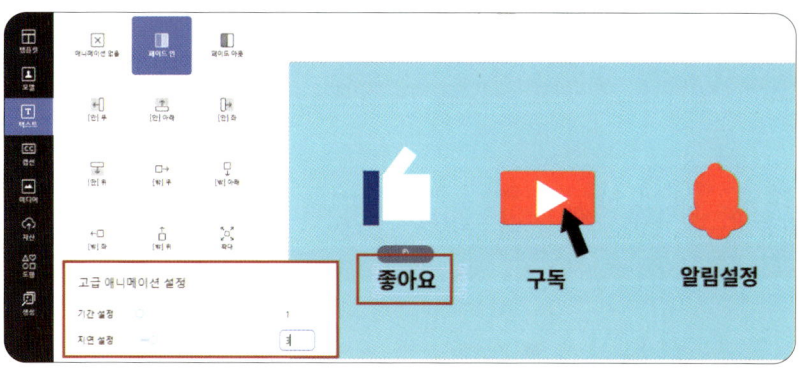

'좋아요' 텍스트가 나타난 후 '알림 설정' 텍스트가 나타나게 하기 위해서 지연 설정을 각각 3, 4로 설정합니다.

③ 스크립트 상자에 스크립트를 작성합니다.

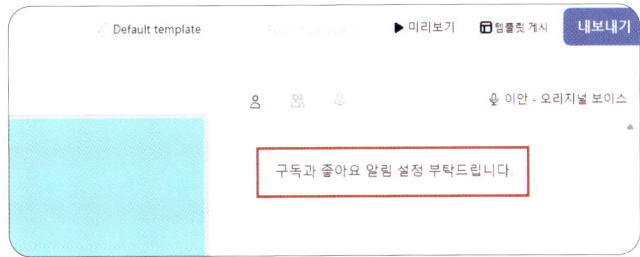

④ 텍스트 앞을 클릭해서 커서를 위치시킨 후 하단 메뉴에서 ⓘ [일시 정지]를 클릭하고 속성 값을 '1'을 입력하고 [저장]을 클릭합니다.

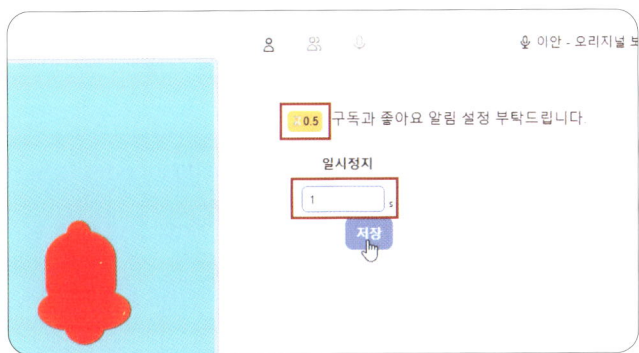

1초가 지난 후 내레이션이 진행되도록 설정하기 위해서 일시 정지를 설정합니다.

⑤ 내보내기를 실행해서 동영상을 실행합니다. 화살표가 가운데 움직인 후 왼쪽에 좋아요 아이콘과 텍스트가 나타나고 오른쪽에 알림 설정 아이콘과 텍스트가 나타납니다.

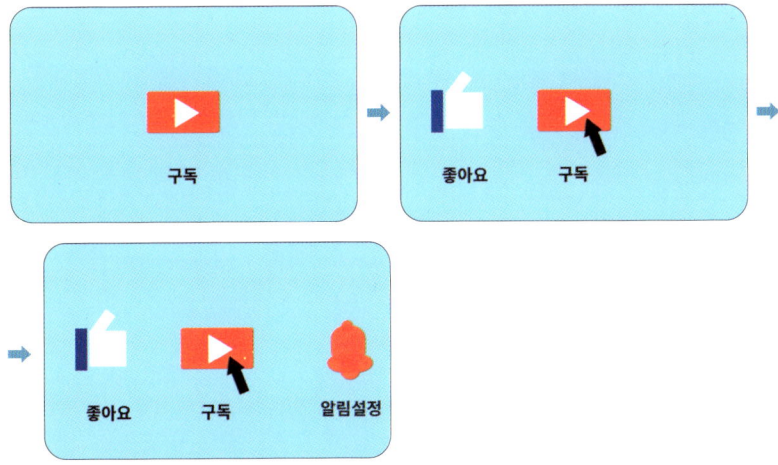

PART 02
12 AI 텍스트 생성으로 이야기 소개 영상 만들기

#AI 텍스트 생성 #AI 이미지 생성 #캡션 추가

[AI STUDIOS]는 Chat-GPT와 같은 AI 텍스트 생성 서비스를 제공합니다. 여기서는 AI 텍스트 생성을 이용하여 유튜브 영상에 알맞는 대본을 만들고 AI 이미지 생성으로 관련 이미지도 만들어서 총 다섯 개의 장면으로 구성되어 있는 인어공주 이야기 소개 영상을 만들어 보겠습니다.

① AI 텍스트 생성으로 인트로 구성 작성하기

❶ [AI STUDIOS] 홈페이지에서 [새 프로젝트] - [기본 템플릿]을 클릭합니다.

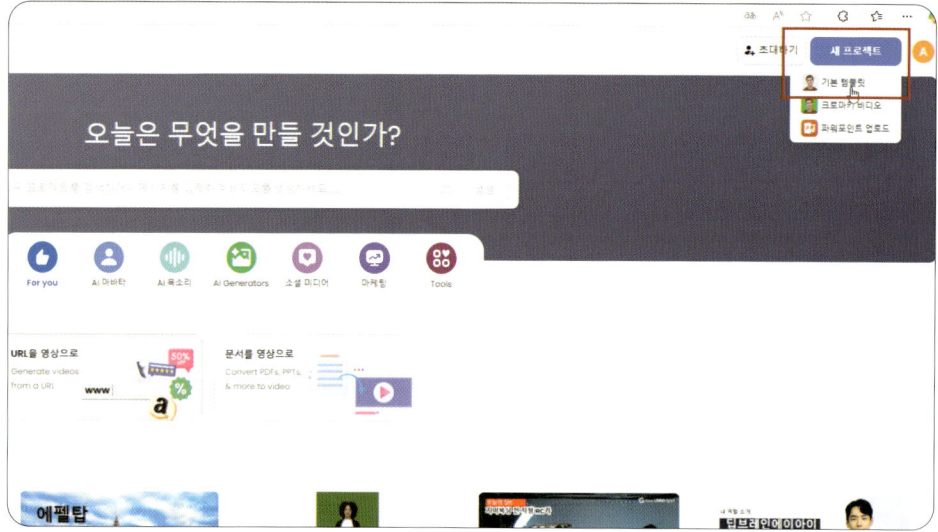

② 스크립트 상자에서 🌀 [AI 스크립트 어시스턴트] 버튼을 클릭합니다.

AI 스크립트 어시스턴트를 이용해서 내레이션 상자에 AI 텍스트 생성 글을 넣을 수 있습니다.

③ 프롬프트 창에 텍스트를 생성할 질문을 입력하고 [생성] 버튼을 클릭합니다.

④ 텍스트가 생성되면 [적용] 버튼을 클릭합니다.

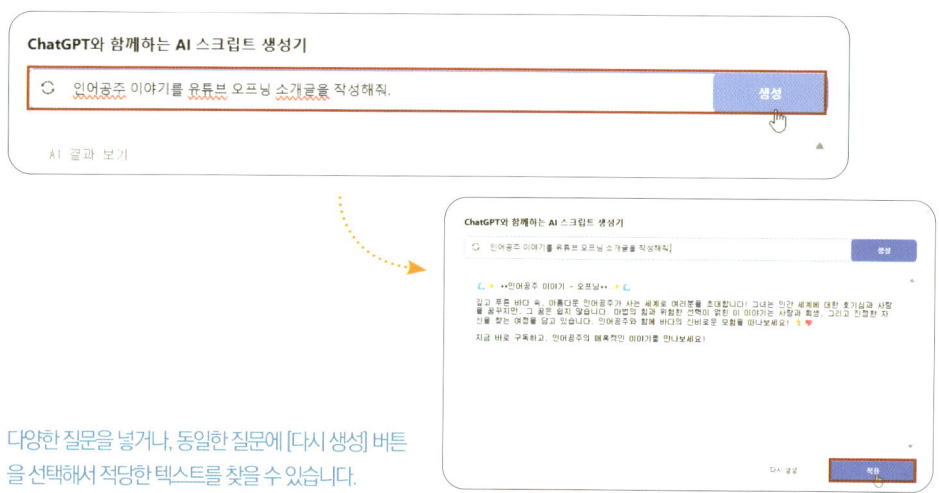

다양한 질문을 넣거나, 동일한 질문에 [다시 생성] 버튼을 선택해서 적당한 텍스트를 찾을 수 있습니다.

⑤ 스크립트에 삽입된 글을 검토하고 수정합니다.

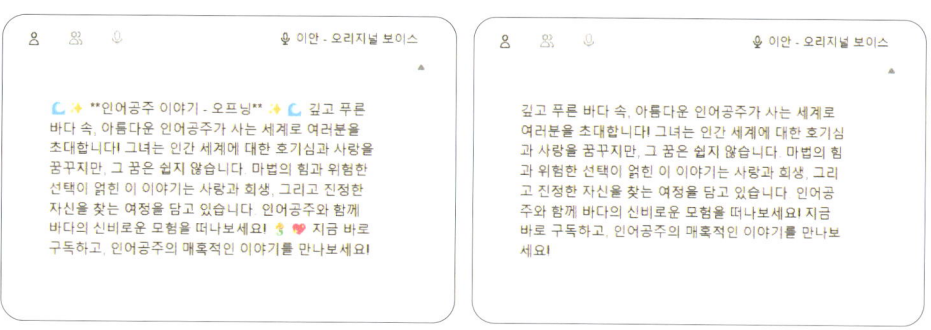

AI 스크립트로 생성된 글에서 영상에 불필요한 내용을 찾아서 삭제합니다.

12. AI 텍스트 생성으로 이야기 소개 영상 만들기   121

② AI 이미지 생성으로 이야기 장면 꾸미기

❶ 모델을 클릭한 다음 상단 메뉴에서 [목소리만] – [Only This Slide]를 클릭합니다.

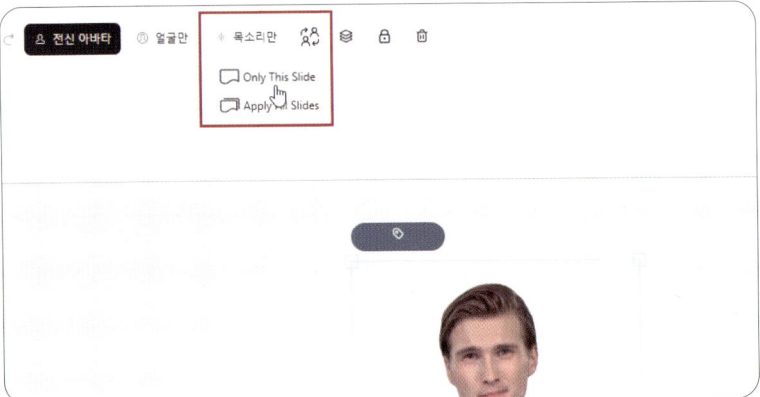

❷ [생성] 도구를 클릭한 다음 프롬프트 창에 '인어공주'를 입력하고 [생성] 버튼을 클릭합니다.

❸ 이미지가 생성되면 이미지를 클릭해서 편집창에 이미지를 삽입합니다.

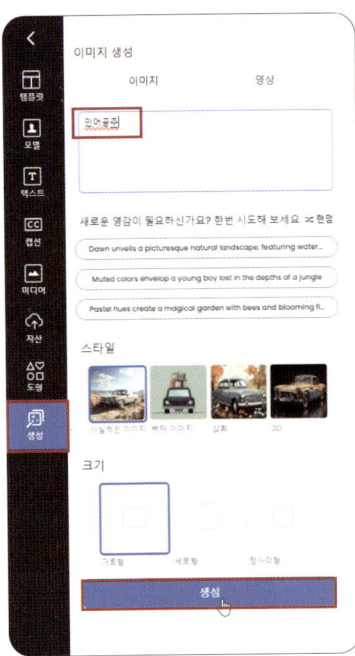
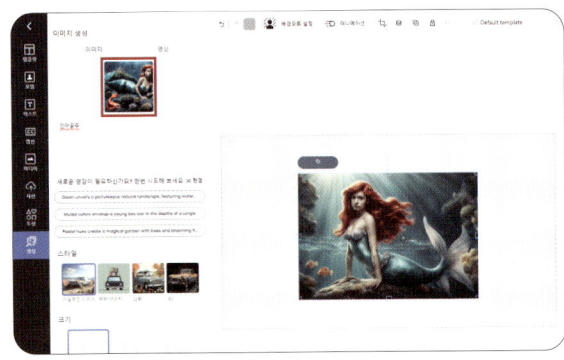

④ 이미지를 선택한 상태에서 [배경으로 설정] - [이 슬라이드만 적용]을 클릭해서 이미지를 배경 이미지로 만듭니다.

이미지에 애니메이션 효과를 주고 싶은 경우에는 배경으로 설정하지 않고 이미지를 편집창 크기에 맞게 확대해서 작업하도록 합니다.

⑤ [도형] 도구를 클릭한 다음 사각형 도형을 삽입해서 다음과 같이 꾸밉니다.

⑥ [텍스트] 도구로 [제목 추가]를 클릭해서 다음과 같이 제목을 꾸밉니다.

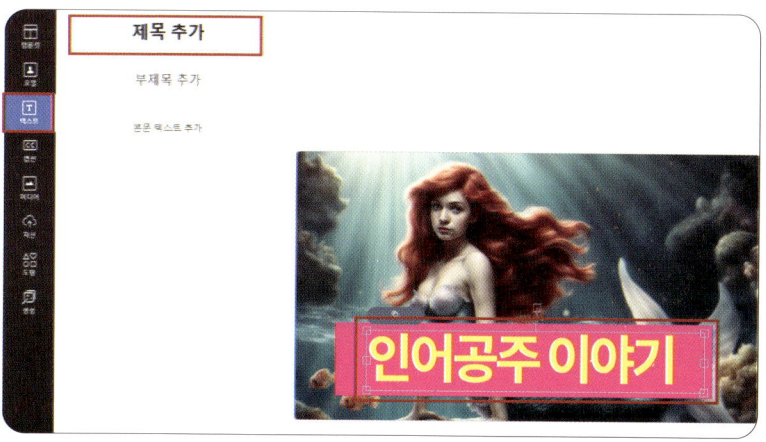

7 도형과 텍스트에 [애니메이션] - [페이드 인]을 선택해서 이미지가 서서히 나타나는 효과를 만듭니다.

③ 캡션을 넣어 이야기 꾸미기

1 두 번째 장면을 추가한 다음 배경 이미지와 텍스트를 지웁니다.

2 같은 방법으로 AI 이미지 생성을 이용하여 이미지를 만들어서 배경에 삽입합니다.

장면을 추가하면 이전 장면의 내용이 동일하게 나타납니다. 텍스트 상자는 클릭하고 Del 을 눌러 삭제하고 배경 이미지는 배경을 마우스 오른쪽 클릭한 다음 [Remove Background]-[Only This Slide]를 클릭합니다.

❸ 스크립트 상자에서 🌀 [AI 스크립트 어시스턴트] 버튼을 클릭한 후 다음과 같이 질문을 넣어 인어공주 이야기를 생성하여 스크립트를 만듭니다.

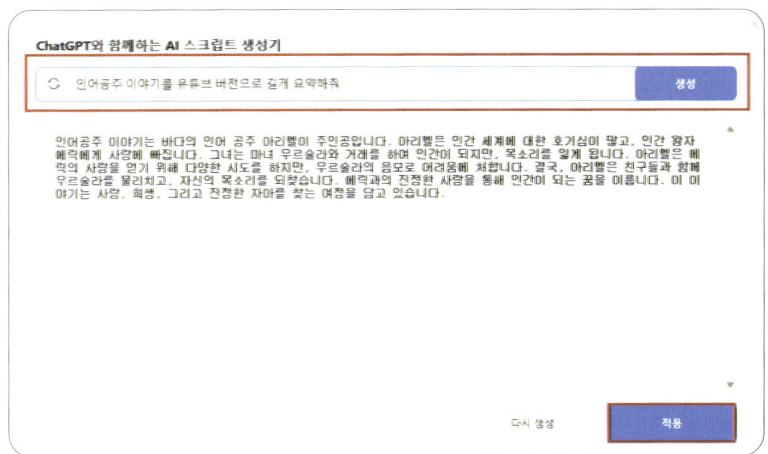

❹ [캡션] 도구를 클릭하고 [캡션 생성] 버튼을 클릭해서 캡션을 삽입하고 캡션 텍스트 스타일을 적용해서 꾸밉니다.

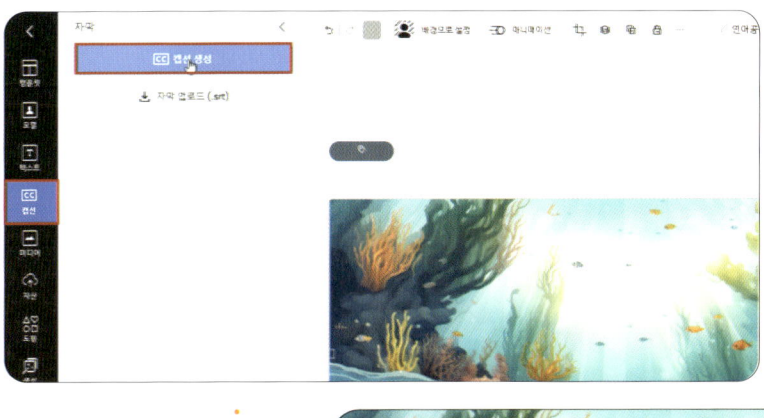

스크립트 상자에 입력된 텍스트 중 적당한 길이의 텍스트만 분할되어 캡션에 적용됩니다.

5 스크립트 상자에서 캡션에 담기지 않은 글들을 마우스로 드래그해서 블록을 설정한 다음 Ctrl + X 를 눌러 내용을 잘라 냅니다.

6 새 장면을 추가한 다음 스크립트 상자를 클릭하고 Ctrl + V 를 눌러 복사한 내용을 붙여 넣습니다.

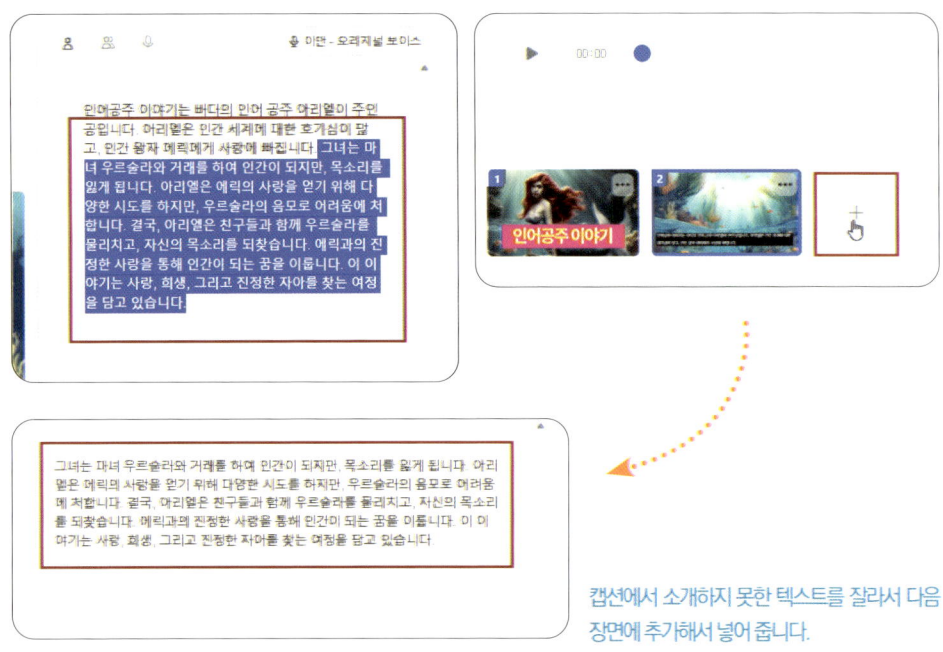

캡션에서 소개하지 못한 텍스트를 잘라서 다음 장면에 추가해서 넣어 줍니다.

7 세 번째 장면도 앞 장면과 같이 AI 생성을 이용해서 배경 이미지를 꾸미고 캡션을 넣어서 꾸밉니다.

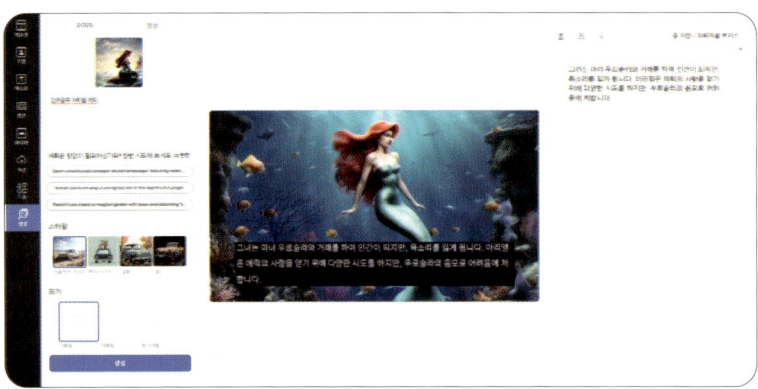

⑧ 같은 방법으로 네 번째 장면과 다섯 번째 장면도 추가해서 꾸밉니다.

앞에서 작업한 방식을 이용하여 캡션에서 소개하지 못한 텍스트를 잘라서 장면에 추가해서 작성합니다. 여기서 사용된 텍스트는 총 4개의 장면이 나왔습니다.

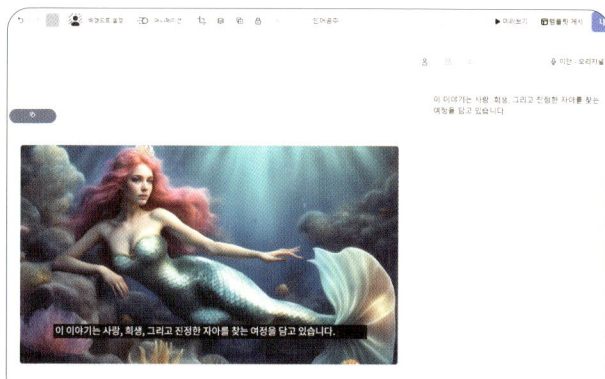

⑨ 완성했으면 내보내기를 실행하여 영상을 실행해 봅니다.

각 이미지에 장면 전환 효과나 이미지에 다양한 애니메이션 효과를 넣으면 보다 재미있는 영상을 연출할 수 있습니다.

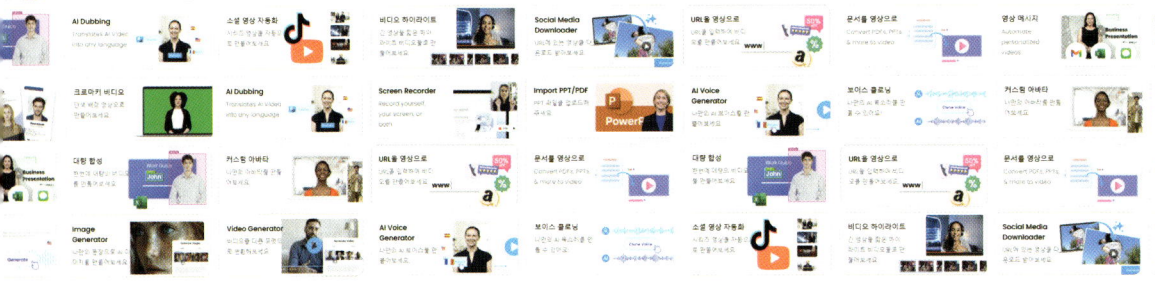

AI STUDIS에서 제공하는 서비스

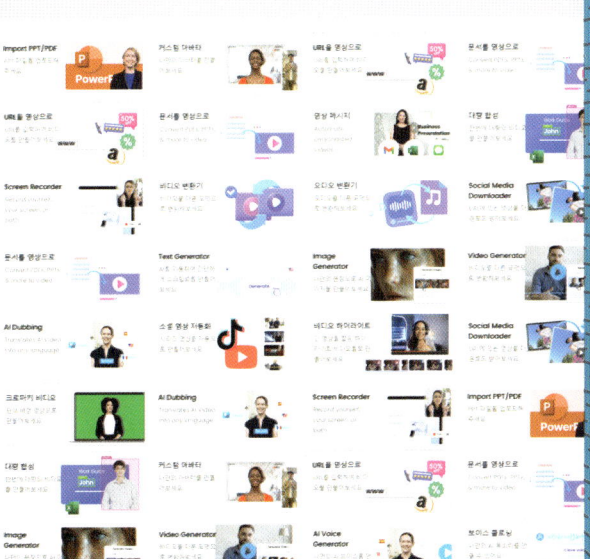

part 3

**[AI STUDIOS]
활용 영상 제작 테크닉**

PART 03
01 이미지로 영상 명함 만들어서 주변 사람들에게 공유하기

포토 아바타 # 외부 음악 파일 등록 # 메일 공유 # 영상 링크 공유 # 복제 # 외국어 변환

[AI STUDIOS]는 이미지를 음성에 맞게 입 모양과 모습이 바뀌는 포토 아바타 서비스를 제공합니다. 이 서비스를 이용하면 사진만 있으면 소개 영상을 만들 수 있습니다. 여기서는 포토 아바타 서비스 사용법과 공유 기능을 이용해서 영상을 소개하는 방법과 한 번에 외국어로 바꾸는 방법에 대해서 알아보겠습니다.

1 이미지로 영상 만들기

① [AI STUDIOS] 홈페이지에서 [AI 아바타] - [Photo Avatar]를 클릭합니다.

[Photo Avatar]는 얼굴 이미지를 AI로 분석하여 음성에 맞게 입 모양이 움직이게 만들어 마치 직접 말하는 것처럼 만들어주는 서비스입니다.

❷ [파일 업로드] 버튼을 클릭한 다음 사용할 프로필 이미지를 선택합니다.

사진 아바타에 사용할 이미지는 배경이 단색인 깔끔한 이미지를 사용하도록 합니다. 그리고 유명인의 이미지도 사용하면 안 됩니다. 이를 위반한 경우 이미지 업로드가 되지 않습니다.

❸ 마우스를 이용하여 화면을 좌우로 스와핑하여 템플릿을 고릅니다.

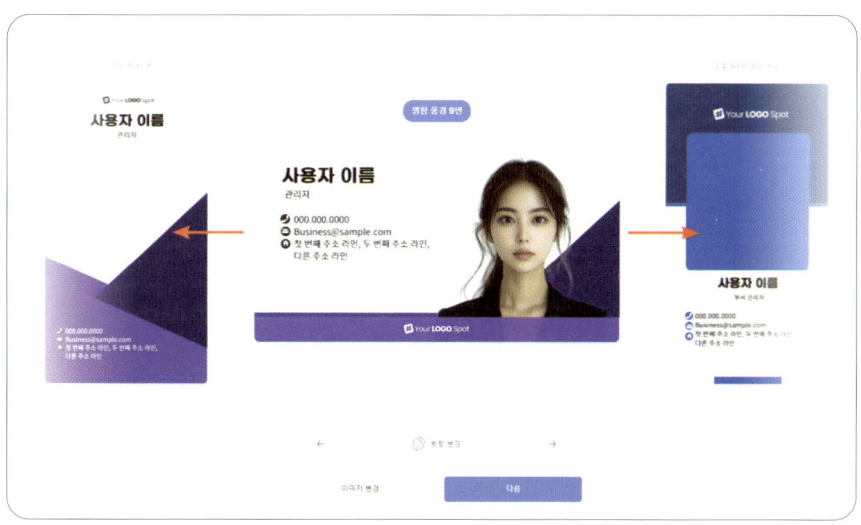

[방향 변경] 버튼을 클릭하면 가로형이 세로형으로, 세로형이 가로형으로 바뀝니다.

④ 템플릿을 골랐으면 [다음] 버튼을 클릭합니다.

⑤ [아바타 정보 등록] 창에서 이름을 입력하고 성별을 선택한 후 [다음] 버튼을 클릭합니다.

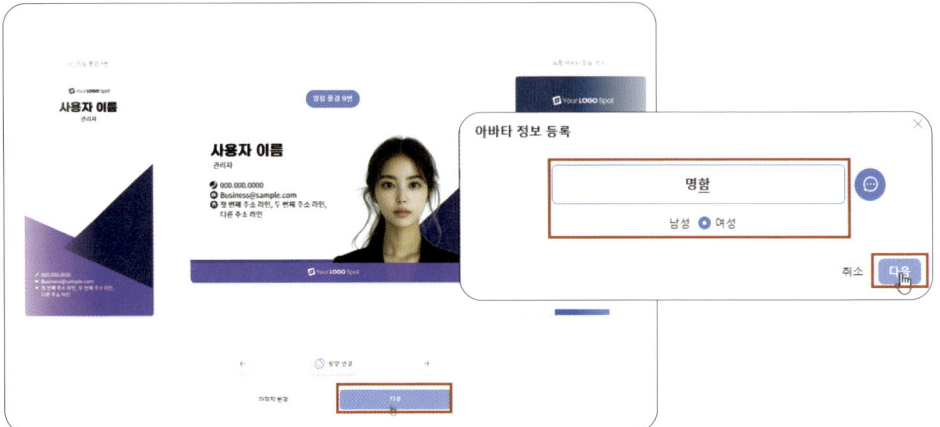

⑥ 녹음 준비가 된 상태에서 녹음 버튼을 클릭한 다음 스크립트를 읽으면서 녹음을 합니다.

⑦ 스크립트를 모두 읽었으면 [녹음 종료] 버튼을 클릭합니다.

[추천 AI 음성] 항목에서 [AI STUDIOS]에서 제공하는 음성을 골라서 적용할 수도 있습니다.

⑧ 플레이 버튼을 클릭해서 녹음한 음성을 들어보고 이상 없으면 체크리스트 항목을 체크하고 [음성 합성] 버튼을 클릭합니다.

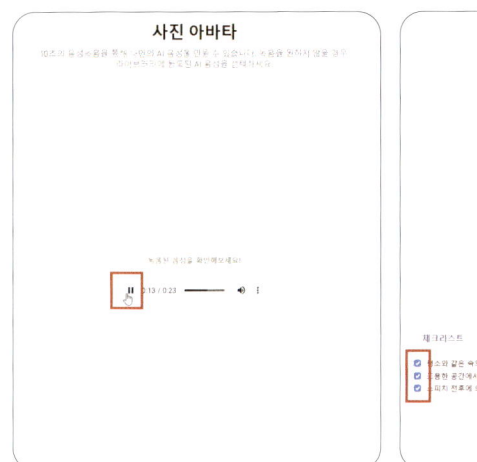
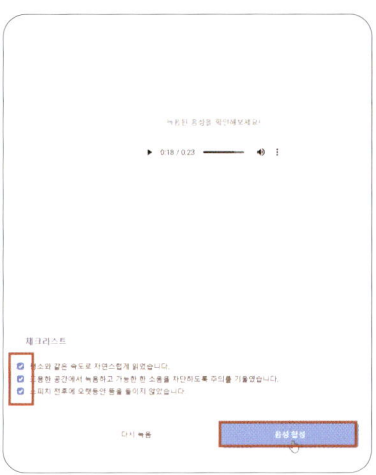

[AI STUDIOS]에서 녹음한 음성을 좋은 품질로 변경해주지만 너무 안 좋은 경우에는 다시 녹음하는 것이 좋습니다. 녹음 상태가 좋지 않다면 [다시 녹음] 버튼을 클릭해서 다시 녹음합니다.

⑨ [드림 아바타 만들기] 버튼을 클릭해서 편집 화면으로 이동합니다.

⑩ 텍스트 상자를 클릭해서 내용을 변경합니다.

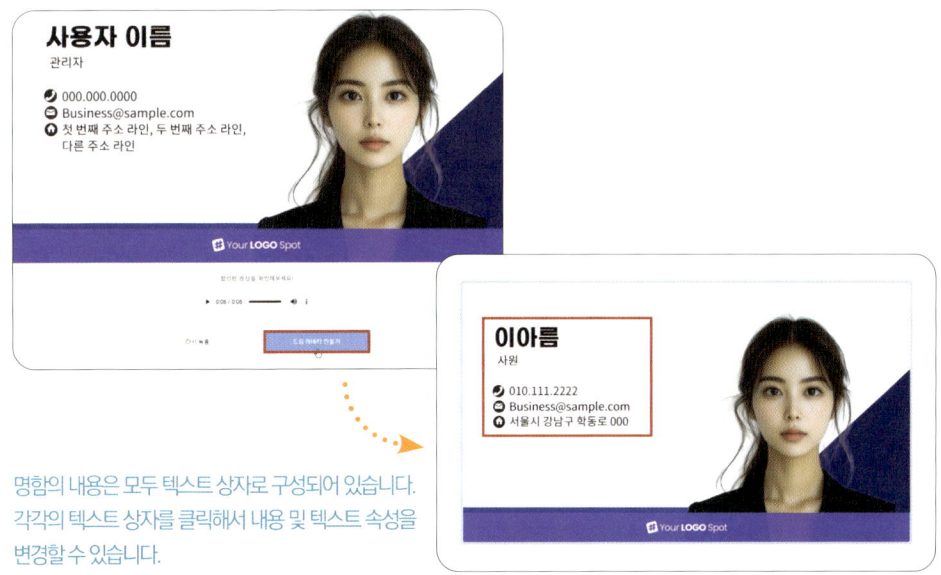

명함의 내용은 모두 텍스트 상자로 구성되어 있습니다. 각각의 텍스트 상자를 클릭해서 내용 및 텍스트 속성을 변경할 수 있습니다.

⑪ 로고를 클릭해서 선택한 다음 Del 을 눌러 삭제합니다.

⑫ [자산] 도구에서 [기업용 파일 로고]에 등록된 로고를 클릭해서 편집창에 넣은 후 적당한 위치에 넣어서 꾸밉니다.

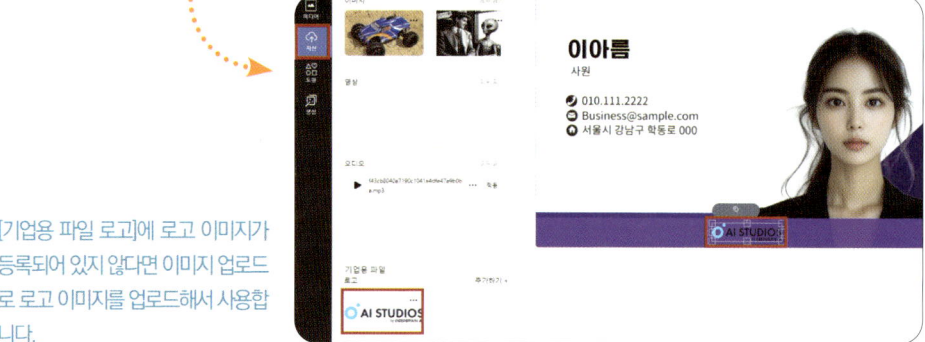

[기업용 파일 로고]에 로고 이미지가 등록되어 있지 않다면 이미지 업로드로 로고 이미지를 업로드해서 사용합니다.

⑬ 도형을 클릭한 후 전경색을 바꿔서 명함을 꾸밉니다.

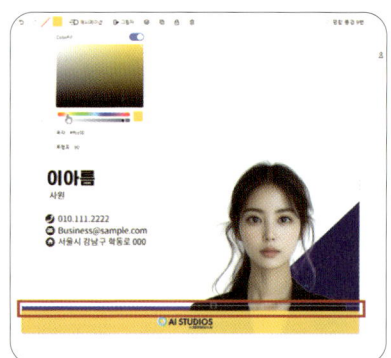

도형이 서로 겹쳐 있는 경우 도형 선택이 어려운 경우가 있습니다. 이러한 경우 위에 있는 도형을 옆으로 잠시 옮긴 다음 선택이 안 되던 도형을 선택해서 속성을 변경합니다. 그런 다음 위에 있던 도형을 원래의 위치로 이동시킵니다.

⑭ 내레이션 상자에서 [AI 스크립트 어시스턴트] 버튼을 클릭합니다.

⑮ 자기소개글을 묻는 질문을 해서 답변을 구한 후 [적용] 버튼을 클릭합니다.

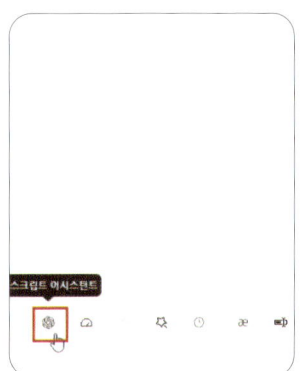
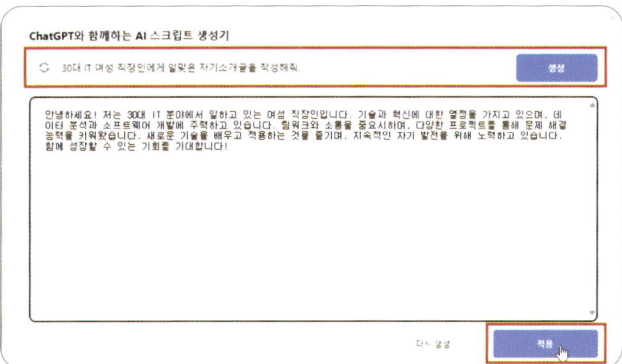

⑯ 스크립트의 글을 검토한 후 내용을 수정해서 꾸밉니다.

문장을 어떻게 작성해야 할지 잘 모르겠다면 AI 스크립트 어시스턴트의 도움을 받으면 편합니다. 단, 너무 맹신하지 말고 등록된 내용을 꼭 검토해 보고 알맞게 수정해서 사용하도록 합니다.

1. 이미지로 영상 명함 만들어서 주변 사람들에게 공유하기   135

② 음악 파일 등록해서 배경 음악 넣기

1 [자산] 도구를 클릭하고 [이미지/동영상/오디오 파일 업로드] 버튼을 클릭해서 배경에 넣을 음악 파일을 선택합니다.

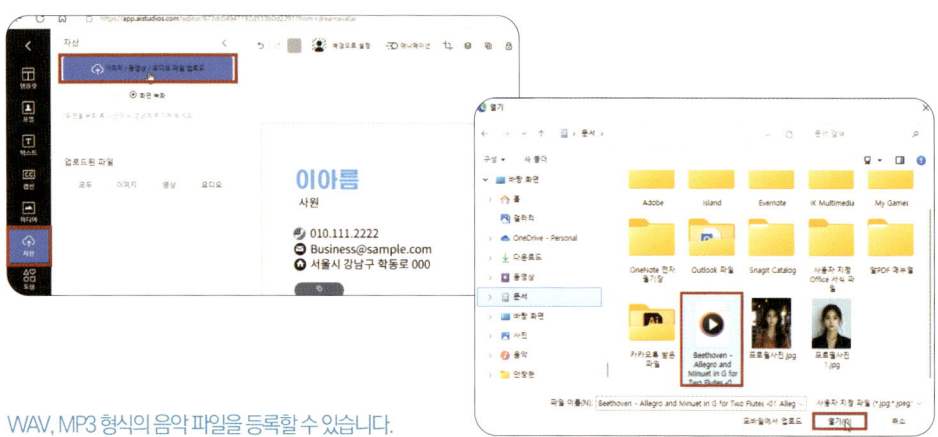

WAV, MP3 형식의 음악 파일을 등록할 수 있습니다.

2 음악 파일이 등록되면 [적용] - [단일 장면에 적용]을 클릭합니다.

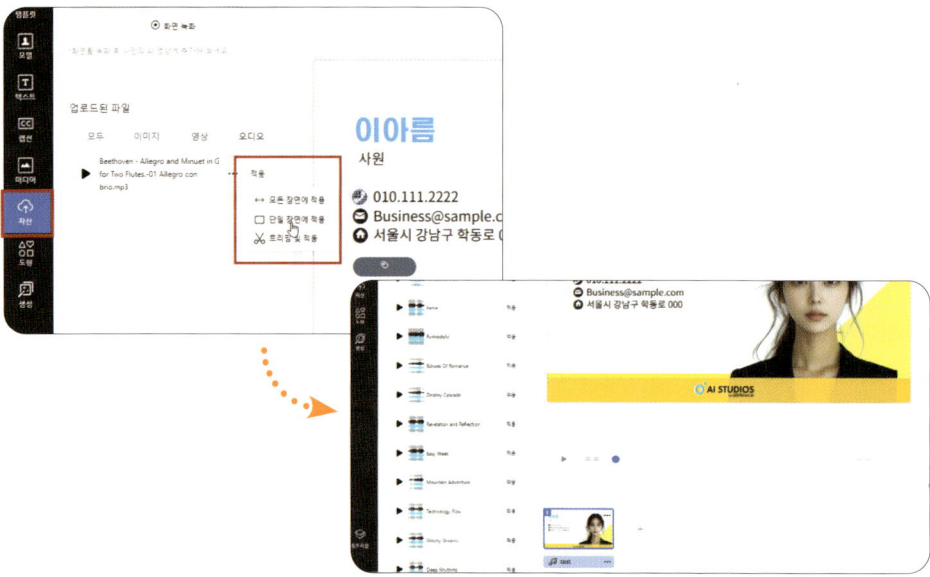

[트리밍 및 적용]을 클릭해서 음악 파일에서 사용할 부분만 잘라내어 영상에 적용할 수 있습니다.

> ③ 영상 공유하기

❶ [AI STUDIOS] 홈페이지에서 [프로젝트] 메뉴를 클릭한 다음 앞에서 작업한 콘텐츠의 … 버튼을 클릭하고 [공유]를 클릭합니다.

❷ 영상을 보내고 싶은 친구의 이메일 주소를 입력하고 [공유] 버튼을 클릭해서 영상을 이메일로 전송합니다.

❸ 이메일로 메일이 전송되며 링크를 클릭하면 영상을 열어 볼 수 있습니다.

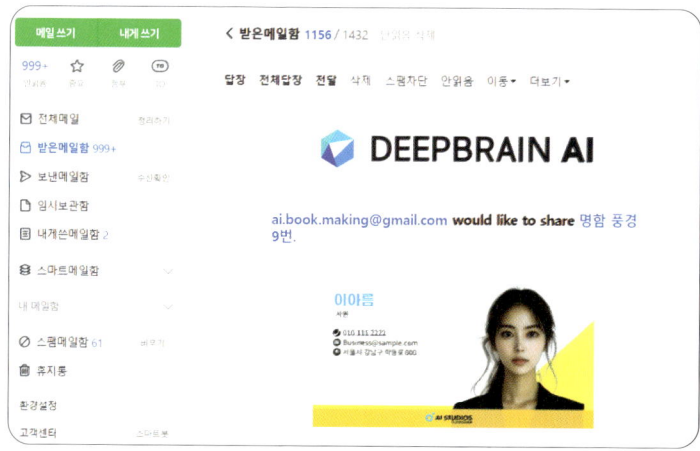

메일로 전송된 영상을 열어 보려면 [AI STUDIOS] 계정이 있어야 합니다.

④ 홈페이지나 SNS 게시물에 영상을 표시하려면 [영상 공유] 창에서 [웹에 공개] 항목을 클릭해서 체크를 활성화합니다.

⑤ [링크 복사]를 클릭해서 영상을 담고 있는 경로를 링크를 복사합니다.

⑥ 홈페이지나 SNS 게시물에서 Ctrl + V 를 눌러 복사한 링크를 붙여 넣으면 링크를 열어서 영상을 볼 수 있습니다.

> ④ 일본어 명함 만들기

❶ [AI STUDIOS] 홈 화면에서 작업한 프로젝트 목록의 ... 버튼을 클릭한 다음 [복제]를 클릭합니다.

❷ 복제한 프로젝트에 마우스 포인터를 위치한 다음 [편집] 버튼을 클릭합니다.

[복제]를 실행하면 동일한 영상이 하나 더 만들어 집니다.

❸ 편집 화면에서 번역 미리보기 옵션의 내림 버튼을 클릭한 후 [Japanese]를 선택합니다.

언어를 바꾸면 텍스트뿐만 아니라 음성까지 모두 일본어로 바뀝니다.

1. 이미지로 영상 명함 만들어서 주변 사람들에게 공유하기   139

PART 03
02 [AI 더빙]으로 중국어로 말하는 스티브 잡스 영상 만들기

#AI 더빙

[AI STUDIOS]의 대표적인 특징 중 하나는 영상에 사용된 언어를 자유자재로 변경할 수 있다는 점입니다. 이중에서 영상에 담겨 있는 음성을 원하는 언어로 바꾸어주는 [AI 더빙]은 매우 획기적인 기능이라 할 수 있습니다. 영상만 있으면 30개 이상의 다국어의 언어로 영상을 만들 수 있기 때문입니다. 여기서는 [AI 더빙]의 특징에 대해서 알아보고 [AI 더빙]으로 영어를 중국어로 변환하여 중국말을 하는 스티브잡스 영상을 만들어 보겠습니다.

① [AI 더빙]의 특징

[AI 더빙]은 어떤 특징을 가지고 있는지 알아보겠습니다.

30개 이상의 언어로 변환!

한국어를 비롯하여 영어, 일본어, 중국어, 러시아어, 프랑스어, 독일어, 스페인어, 이탈리아어, 포르투갈어, 힌디어, 아라비아어, 인도네시아어 등 30개 이상의 언어를 지원하여 다국어 영상을 제작할 수 있도록 해줍니다.

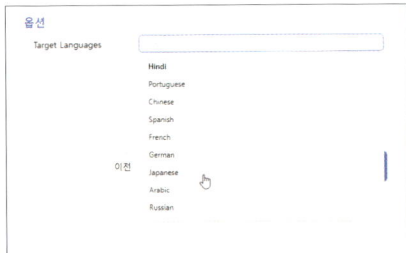

목소리에 맞게 립싱크 설정!

[AI 더빙]의 가장 큰 특징은 단순히 언어 변환뿐만 아니라 음성에 맞게 입 모양도 바꾸어준다는 점입니다. 언어에 맞게 립싱크를 맞추어 가장 자연스러운 입 모양을 만들어 줍니다.

쉽고 빠르게!

[AI 더빙]은 별도의 편집 모드 없이 간단하게 영상과 변환할 언어만 선택해주면 자동으로 선택한 언어로 영상을 만들어 줍니다. 말을 하는 인물 중심의 영상을 [AI 더빙]을 사용하면 쉽고 빠르게 원하는 언어로 변환된 영상을 만들어 줍니다.

다국어 영상 제작 활용!

나라별로 다국어 영상을 제작하기는 여간 어려운 작업이 아닐 수 없습니다. [AI 더빙]을 이용하면 이러한 고민을 한 번에 해결해 줍니다. SNS를 이용하여 외국을 대상으로 영상으로 올리거나 외국 바이어에게 영상을 제작한 제안서를 제작하는 등 다국어 영상으로 다양하게 활용할 수 있습니다.

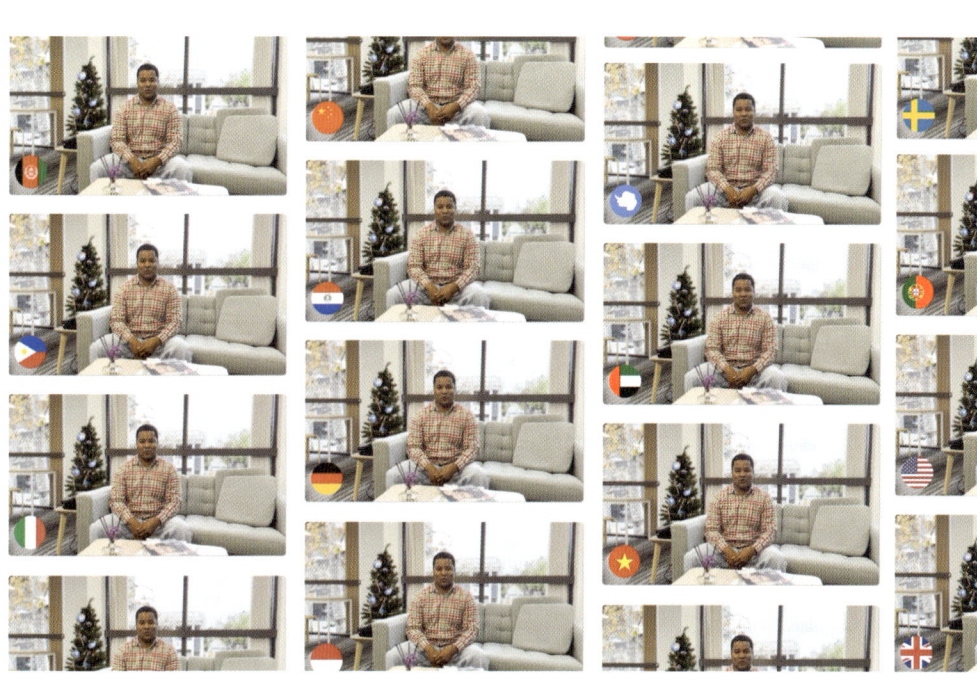

② [AI 더빙]으로 영어 음성을 중국어로 바꾸기

❶ [AI STUDIOS] 홈페이지에서 [소셜 미디어] - [AI 더빙]을 클릭합니다.

❷ [파일 업로드] 버튼을 클릭한 다음 번역에 사용할 영상 파일을 선택합니다.

여기서 사용된 영상은 다음 주소의 유튜브 영상을 [AI STUDIOS]의 [소셜미디어 다운로더]를 이용하여 다운로드 받은 영상입니다. https://youtu.be/DIKbwNJpP9I?si=em69bFZSf8-Xh6V5

❸ 동영상 파일이 등록되었으면 [다음] 버튼을 클릭합니다.

[AI 더빙]은 인물의 음성에 맞게 립싱크도 변화됩니다. 이 때 보다 자연스러운 립싱크 변화를 위해 인물이 뚜렷하고 초점이 맞아야 바른 영상이 만들어집니다. 음성 또한 잡음이 없이 깨끗해야 올바른 번역이 이루어집니다.

4 [대상 언어] 항목에서 번역할 언어를 선택하고 [다음] 버튼을 클릭합니다.

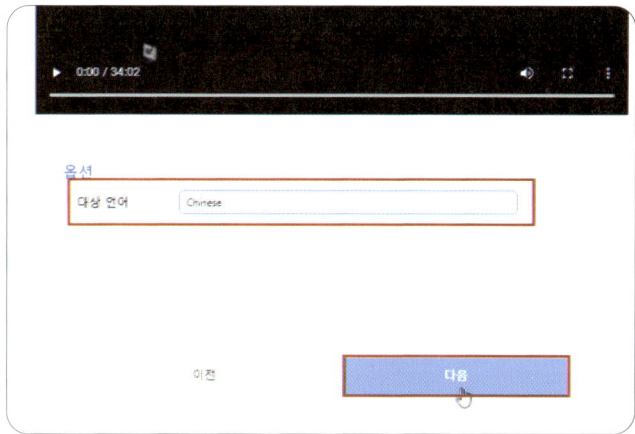

5 [프로젝트]에 [Dubbing] 폴더가 만들어집니다. 해당 폴더를 클릭해서 저장된 동영상을 열어 봅니다. 중국어로 말하는 스티브잡스 영상을 볼 수 있습니다.

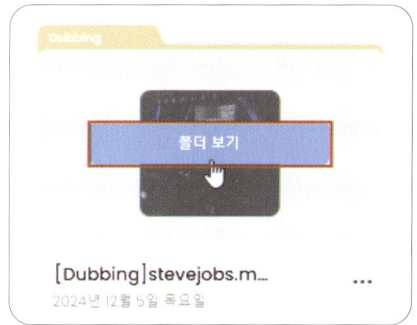
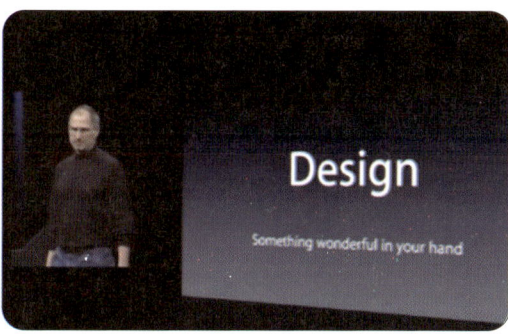

모델의 립싱크도 음성에 맞게 변환됩니다. 변환 후에도 영상의 재생 시간은 원본과 동일합니다.

유튜브 영상 등 다른 사람이 제작한 영상을 허가 없이 AI 더빙으로 변환해서 업로드하는 것은 저작권 침해에 해당하므로 주의해야 합니다.

TIP 오직 음성만 변환된다!

[AI 더빙]은 음성 변환에 특화된 기능으로 영상에 포함되어 있는 텍스트나 캡션들은 선택한 언어로 변환되지 않습니다. 그러므로 음성 중심으로 제작된 영상에 이용하기에 적합합니다.

PART 03
03 원클릭과 프로젝트 번역으로 다국어 영상 만들기

#원클릭 번역 #프로젝트 번역

[AI STUDIOS]에서 제공하는 다국어 번역 기능은 앞에서 소개한 [AI 더빙] 이외에 원클릭 번역과 프로젝트 번역이 있습니다. 프로젝트 번역은 영상 편집 상태에서 다국어 변환을 할 수 있게 해주는 기능이고, 원클릭 번역은 이미 완성된 프로젝트에서 다국어로 영상을 빠르게 제작해주는 기능입니다. 이 기능들은 영상에 포함되어 있는 음성뿐만 아니라 텍스트까지 선택한 언어로 바꾸어 줍니다. 여기서는 프로젝트 번역과 원클릭 번역을 이용하여 다국어 영상을 만드는 방법에 대해서 알아보겠습니다.

① 프로젝트 번역으로 프랑스어로 번역하기

❶ 번역할 프로젝트를 연 다음 [내보내기] 버튼을 클릭합니다. [언어] 항목에서 번역할 언어를 선택합니다.

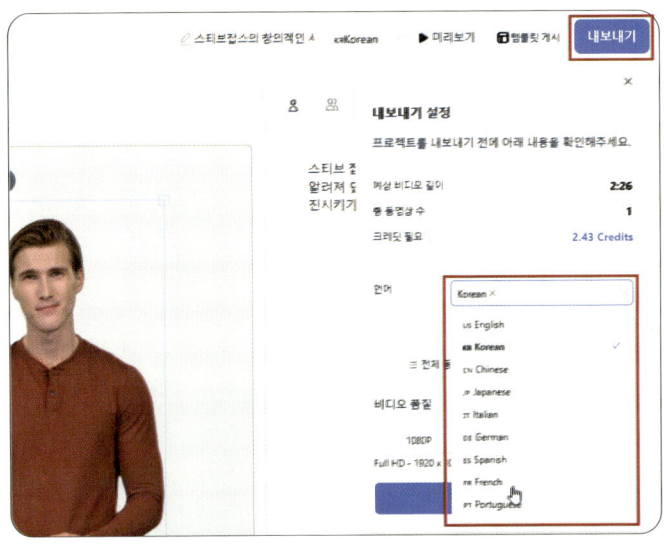

동시에 여러 개의 언어를 중복해서 선택할 수 있습니다.

❷ [옵션] 항목을 클릭해서 내용을 확인한 후 [내보내기] 버튼을 클릭합니다.

프로젝트에서 스크립트 부분만 번역을 원하는 경우
옵션에서 [스크립트만 번역] 항목을 체크합니다.

❸ [프로젝트]에 [Translation] 폴더가 만들어집니다. 해당 폴더를 클릭하면 원본 프로젝트와 번역된 프로젝트가 열립니다. 번역된 영상을 열어서 영상을 확인해 봅니다. 음성뿐만 아니라 텍스트, 캡션까지 모두 선택한 언어로 변경된 것을 볼 수 있습니다.

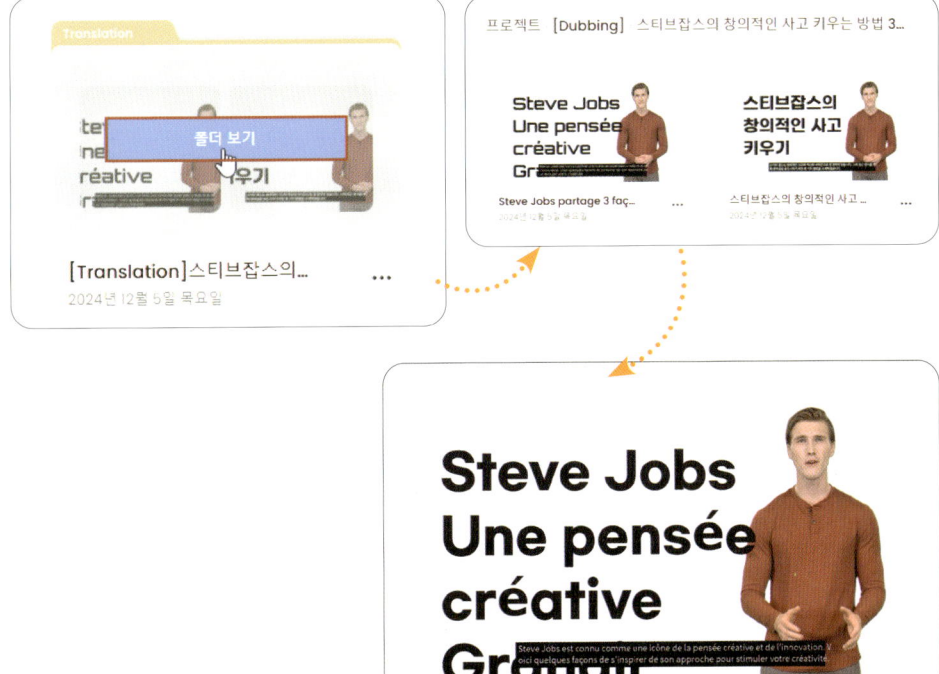

② 원클릭 번역으로 일본어와 독일어로 번역하기

1 [프로젝트]에서 번역할 프로젝트의 ⋯ 버튼을 클릭한 다음 [번역]을 클릭합니다.

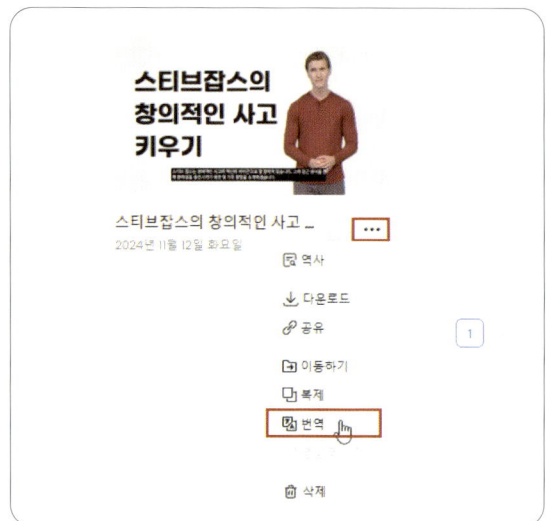

[내보내기]를 실행한 프로젝트에만 [번역] 메뉴가 활성화됩니다.

2 [다음으로 번역]에서 번역할 언어를 선택합니다.

3 추가해서 번역하고 싶다면 [다음으로 번역]에서 추가할 언어를 선택합니다.

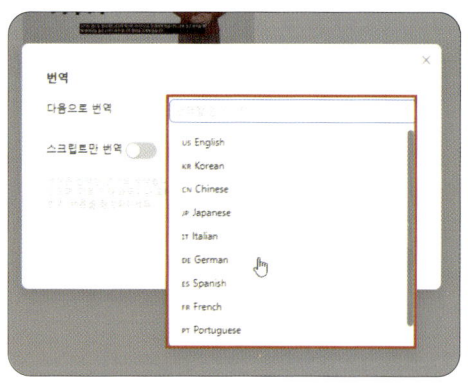 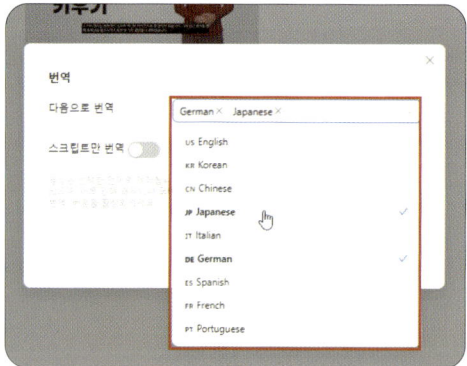

여러 개의 언어를 동시에 선택해서 번역할 수 있습니다.

4️⃣ 번역할 언어가 선택됐으면 [Translate] 버튼을 클릭합니다.

번역할 수 있는 언어는 영어, 중국어, 일본어, 이탈리아어, 스페인어, 프랑스어, 포르투갈어, 독일어, 러시아어입니다.

5️⃣ 영상 생성이 진행됩니다. [프로젝트]에서 [Translation] 폴더가 만들어집니다. 폴더를 열면 번역한 언어로 제작된 프로젝트가 저장되어 있습니다. 각 영상을 열어봅니다. 음성뿐만 아니라 텍스트, 캡션까지 모두 선택한 언어로 변경된 것을 볼 수 있습니다.

PART 03
04 지인 이름이 표시되는 영상 메시지 보내기

#영상 메시지

 [AI STUDIOS]의 [영상 메시지]는 여러 사람들에게 안내, 초대 등의 메시지가 담겨있는 영상을 만들어서 메일로 보내주는 서비스입니다. 이 서비스를 이용하면 영상에 지인들의 이름도 표시할 수 있고 주소록을 이용하여 여러 사람에게 영상을 보낼 수 있다는 장점을 가지고 있습니다. 영상 메시지는 어떻게 보내는지 알아보겠습니다.

① 지인들에게 영상 메시지 보내기

1 [AI STUDIOS] 홈페이지에서 [마케팅] - [영상 메시지]를 클릭합니다.

[영상 메시지]는 지정된 템플릿에 주소록을 작성해서 등록하면 해당 지인의 이름이 표시되어 있는 영상을 생성해서 보내주는 서비스입니다.

❷ 화면을 좌우로 드래그해서 템플릿 목록을 이동하면서 사용할 템플릿을 선택한 후 [다음] 버튼을 클릭합니다.

[방향 변경]을 클릭해서 세로형으로 변경할 수 있습니다.

❸ 보낼 사람을 기록하기 위해 [샘플 다운로드] 버튼을 클릭합니다.

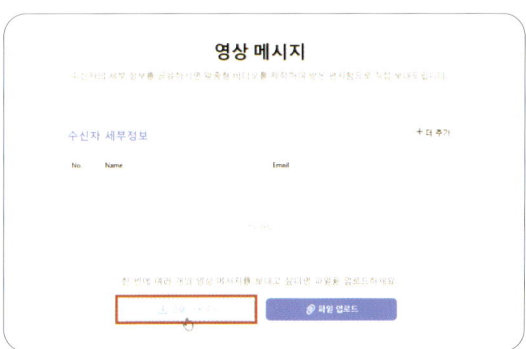

❹ 다운로드 받은 엑셀 파일을 연 다음 샘플로 작성된 행 다음 줄에 이름과 이메일 주소 순으로 목록을 작성합니다.

❺ 작업이 완료되었으면 엑셀 파일을 저장합니다.

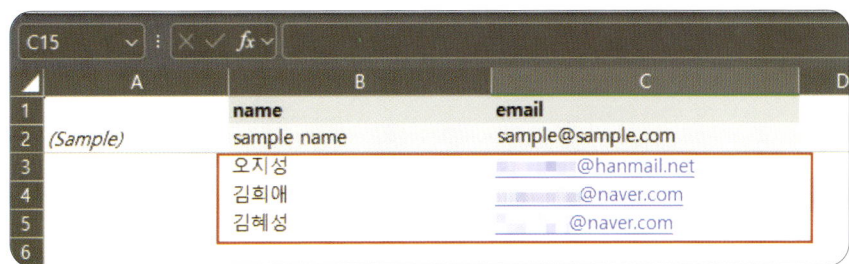

4. 지인 이름이 표시되는 영상 메시지 보내기 149

6 [파일 업로드] 버튼을 클릭한 후 앞에서 저장한 엑셀 파일을 선택해서 업로드합니다.

7 주소록이 등록되면 [다음] 버튼을 클릭합니다.

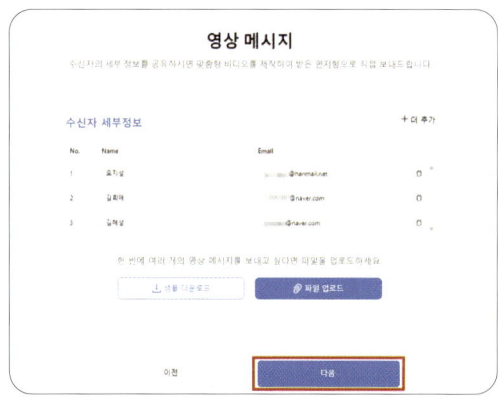

[더 추가]를 클릭해서 주소를 추가할 수 있습니다.

TIP [더 추가]로 주소록 입력

보낼 사람이 많은 경우 [샘플 다운로드]를 클릭해서 엑셀 문서에 주소 정보를 입력하는 것이 편리하고, 보낼 사람이 많지 않은 경우 [더 추가]를 클릭해서 개별적으로 주소를 입력해서 등록하는 것이 편리합니다.

⑧ [동영상 생성 후 자동으로 메시지 보내기] 항목을 클릭해서 체크한 다음 [내보내기] 버튼을 클릭합니다.

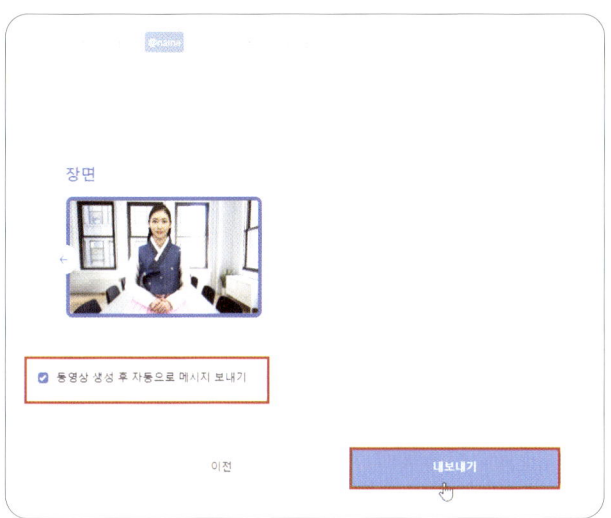

⑨ 영상 메시지가 주소록에 작성된 이메일로 전송됩니다. 메일을 열면 영상을 열어 볼 수 있습니다.

PART 03
05 모니터 화상 녹화해서 리뷰 영상 만들기

#스크린 레코더 #고급 편집자

[AI STUDIOS]의 [스크린 레코더]는 모니터의 화상의 캡쳐한 영상에 웹캠의 화상을 넣어 영상을 만들어 주는 서비스입니다. PC 화면 영상에 발표자의 영상과 함께 코멘트를 넣어 프로그램 소개, 게임 소개, 발표 자료 소개와 같은 영상을 만들 때 아주 유용하게 사용할 수 있습니다. 여기서는 [스크린 레코더]를 이용하여 포토샵 기능을 소개하는 리뷰 영상을 만들어 보겠습니다.

① 모니터 화상 녹화하기

❶ PC에서 녹화할 화면을 준비합니다. 여기서는 포토샵 강좌를 녹화하기 위해서 포토샵을 열고 녹화할 준비를 합니다.

❷ [AI STUDIOS] 홈페이지에서 [도구] - [스크린 레코더]를 클릭합니다.

[스크린 레코더]는 모니터의 화상과 웹캠의 화상을 녹화하여 영상을 만들어 주는 서비스입니다.

3️⃣ 웹캠을 켠 후 [화면 공유] 버튼을 클릭합니다.

웹캠을 끈 상태에서는 오른쪽 하단에 화상이 나타나지 않습니다. 이러한 경우 모니터의 화면만 녹화할 수 있습니다.

[최근 녹음]을 클릭하면 최근에 [스크린 레코더]로 녹화했던 영상들이 나타납니다. 목록에서 작업에 사용할 영상을 선택할 수 있습니다.

[자산] 도구에 있는 ⊙ 화면 녹화 버튼을 클릭해서 [스크린 레코더]를 실행할 수 있습니다.

TIP **녹화 도구**

무음 : 웹캠 또는 마이크가 동작하는 경우 활성화되는 도구로 웹캠 또는 마이크의 음성 녹음을 켜거나 끕니다.

카메라 중지 : 웹캠이 동작하는 경우 활성화되는 도구로 화상 녹음을 켜고 끕니다.

화면 공유 : 모니터에서 녹화할 창을 선택합니다.

아바타 켜기 : 웹캠의 화상 대신 [AI STUDIOS]에서 제공하는 모델로 대체합니다.

④ [Windows] 탭을 클릭한 다음 녹화할 윈도우 창을 선택한 다음 [공유] 버튼을 클릭합니다.

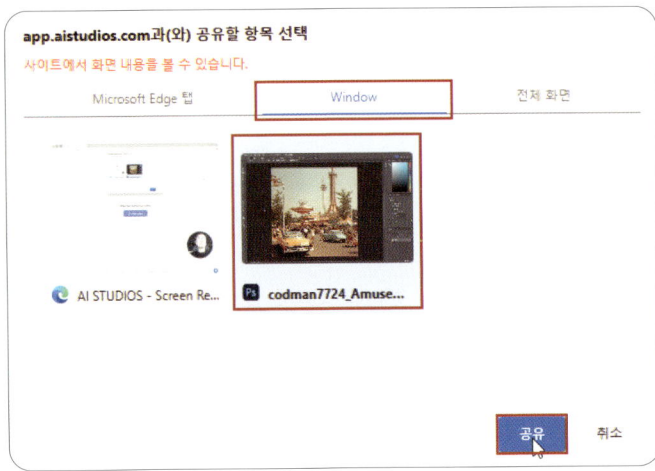

[전체 화면]은 모니터 전체 화면을 선택합니다. 다중 모니터인 경우 각각의 모니터 중 하나를 선택할 수 있습니다.

⑤ 녹화 준비가 되었으면 녹화 버튼을 클릭합니다.

녹화 버튼을 클릭하면 3초간 타이머가 진행된 후 녹화가 시작됩니다.

⑥ 녹화가 끝났다면 정지 버튼을 클릭해서 녹화를 중지합니다.

② 모니터 녹화 영상 편집하고 꾸미기

❶ 화면 하단에 위치해 있는 타임라인에서 재생 버튼을 클릭해서 영상을 확인하면서 자르고 싶은 부분을 클릭해서 빨간색 가이드선을 표시합니다.

❷ [나뉘다] 버튼을 클릭해서 영상을 분리합니다.

❸ 자르고 싶은 위치의 영상 목록을 클릭한 다음 [삭제] 버튼을 클릭해서 해당 부분을 삭제합니다.

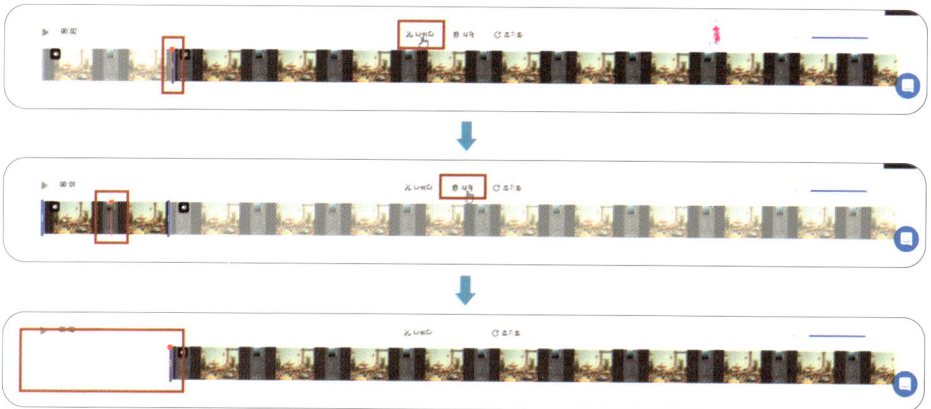

❹ 같은 방법으로 영상을 편집합니다.

❺ [레이아웃] 도구를 클릭한 다음 적당한 모델과 창 위치가 지정되어 있는 레이아웃을 골라서 클릭합니다.

레이아웃은 웹캠 영상 위치, 웹캠 영상 모양, 모니터 영상 창 크기로 구성되어 있습니다.

6 [BG] 도구를 클릭한 다음 배경에 사용할 이미지를 클릭합니다.

[BG]는 선택한 레이아웃 타입에 따라 녹화 영상 화면 바깥쪽 배경에 넣을 이미지나 색을 정합니다.

7 편집 작업이 완료되었으면 ▶버튼을 클릭한 다음 [고급 편집자] 버튼을 클릭합니다.

[비디오 다운로드] 버튼을 클릭하면 영상으로 합성되어 [프로젝트]에 저장됩니다. 이 경우 영상 변환 후 편집을 실행하면 앞에서 살펴본 [스크린 레코드] 편집 화면으로 이동됩니다. 반면 [고급 편집자] 버튼을 클릭하면 일반 편집 모드로 이동됩니다. 이 경우 영상 변환 후 편집을 실행해도 [스크린 레코드] 편집 화면이 아니라 일반 편집 화면으로 이동됩니다.

8 텍스트를 추가해서 제목을 꾸밉니다.

[스크린 레코더]로 제작한 프로젝트는 스크립트 대신 웹캠으로 녹음된 음성이 등록됩니다.

⑨ 내보내기를 실행하여 동영상을 확인해 봅니다.

TIP [스크린 레코더] 활용

[스크린 레코더]는 모니터 화상을 녹화해서 영상을 제작해주는 기능으로 앞에서 소개한 프로그램 기능 소개 또는 게임 플레이 소개 등과 같은 리뷰 영상뿐만 아니라 파워포인트와 같은 자료를 보여주며 발표하는 상황에서도 폭넓게 활용할 수 있습니다.

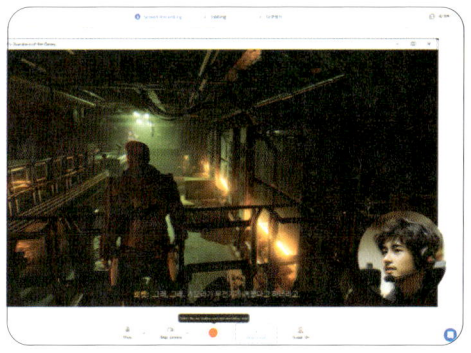
게임 리뷰하는 장면

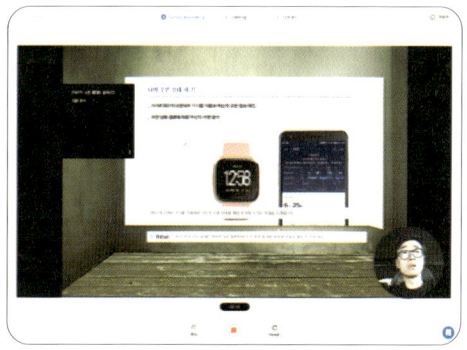
발표 자료 소개하는 장면

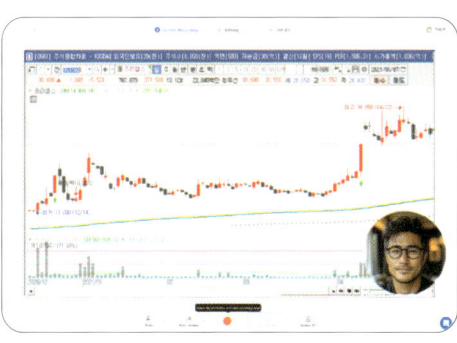
주식 리뷰하는 장면

뮤직비디오 리뷰하는 장면

③ PC 화면만 녹화해서 발표 영상 만들기

❶ 웹캠을 끈 상태에서 PC에서 녹화할 발표 자료를 엽니다. [AI STUDIOS]의 [도구] - [스크린 레코더]를 실행하고 [화면 공유] 버튼을 클릭합니다.

웹캠을 끄면 음성 녹음, 웹캠 녹화, 아바타 표시가 자동으로 꺼집니다.

❷ 앞에서 알아본 방법과 같은 방법으로 녹화할 창을 선택하고 녹화 버튼을 클릭해서 녹화를 진행하고 녹화가 끝나면 정지 버튼을 클릭해서 녹화를 종료합니다.

❸ [모델] 도구를 클릭한 다음 모델로 사용할 모델을 골라 클릭합니다.

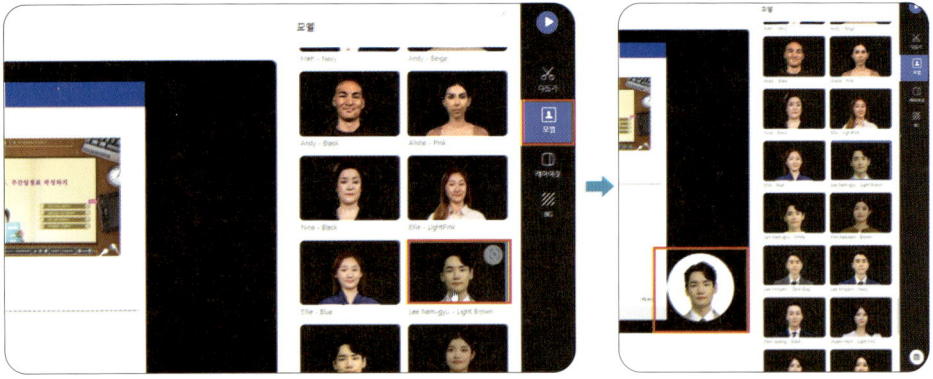

❹ 적당하게 배경을 꾸민 다음 ▶버튼을 클릭한 다음 [고급 편집자] 버튼을 클릭해서 편집 모드로 전환합니다.

⑤ 스크립트 창에서 음성 파일을 삭제한 후 [스크립트] 탭을 클릭합니다. 그리고 AI 음성으로 재생하게 할 스크립트를 작성합니다.

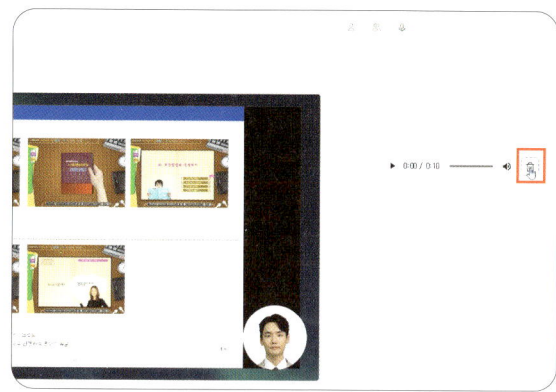

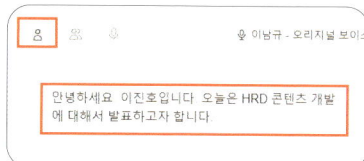

[스크린 레코더를 제작한 경우 스크립트에 음성 파일로 등록됩니다. 새로운 스크립트를 작성하려면 음성 파일을 삭제해야 합니다. 추후 음성 내용을 텍스트로 표시되도록 업데이트할 예정입니다.

⑥ 내보내기를 실행해서 영상을 확인합니다. 녹화한 영상에 아바타와 AI 음성이 재생되는 것을 볼 수 있습니다.

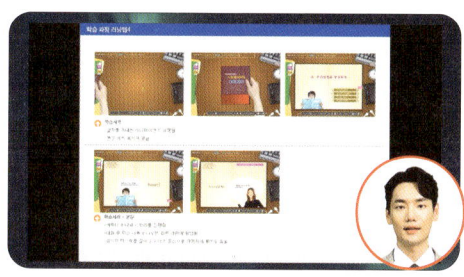
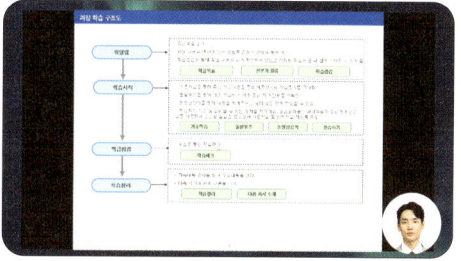

TIP | 내 목소리에 얼굴만 모델로 바꾸기 |

웹캠을 이용하여 녹화를 한 후 [스크린 레코더]의 [모델] 도구에서 모델을 선택하면 웹캠으로 촬영한 내 모습 대신 사용자가 선택한 모델로 대체됩니다. 이때 음성은 내가 녹음한 음성이 재생되며 모델은 마치 직접 말하는 것처럼 내 음성에 맞게 립싱크가 적용됩니다.

PART 03
06 파워포인트 자료로 빠르게 영상 만들기

Import PPT/PDF # 영상 미디어 삽입

[AI STUDIOS]는 파워포인트 문서를 별도의 편집 없이 바로 영상으로 만들어주는 기능을 제공합니다. 이 기능을 이용하면 파워포인트로 작성한 보고서, 콘텐츠 자료 등의 문서를 영상으로 만들어서 보다 빠르게 콘텐츠를 제작할 수 있습니다. 여기서는 비트코인 역사를 소개하는 파워포인트 문서를 이용하여 영상으로 만들어 보겠습니다.

① 파워포인트 문서를 영상으로 변환하기

1 [AI STUDIOS] 홈페이지에서 [For you] - [Import PPT/PDF]를 클릭합니다.

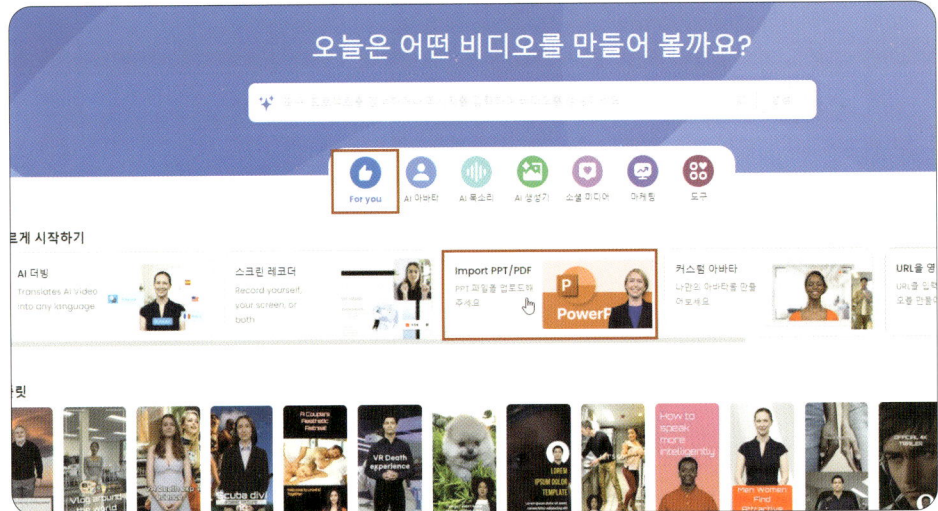

[Import PPT/PDF]는 파워포인트 문서를 영상으로 변환해주는 서비스입니다.

❷ [수동으로 파일 업로드]를 클릭한 다음 파워포인트 파일을 선택해서 불러옵니다.

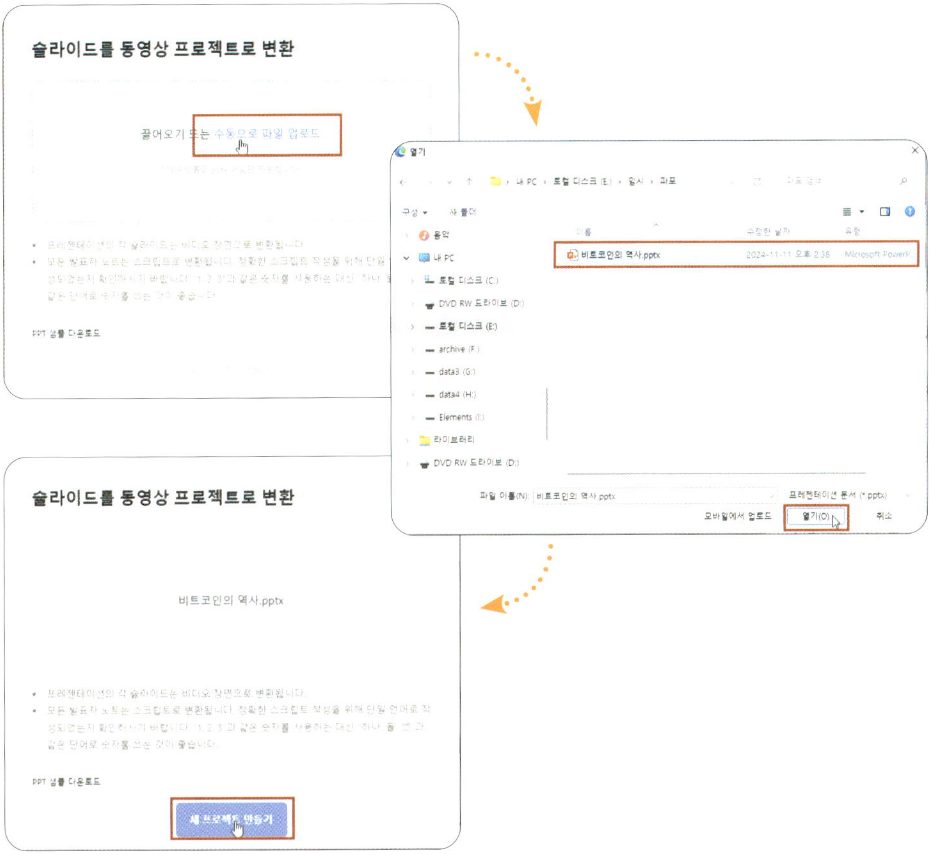

❸ 파워포인트의 슬라이드가 장면으로 삽입되어 영상을 만들어 줍니다.

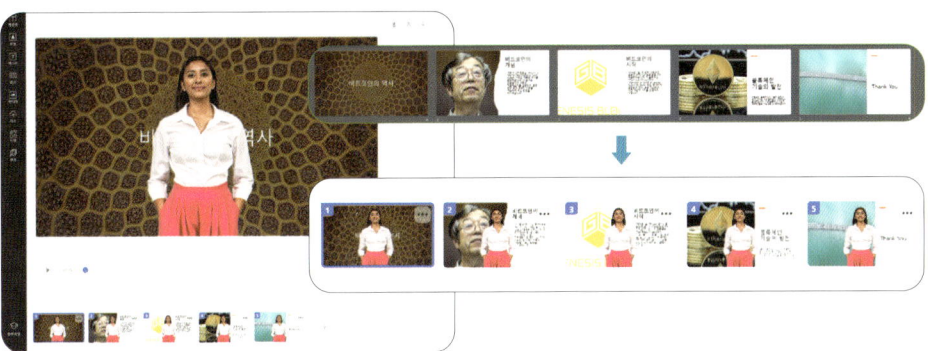

파워포인트의 각 슬라이드가 이미지로 처리되어 각 장면으로 구성됩니다. 그리고 각 장면에 모델이 기본으로 삽입해서 꾸며 집니다.

④ 모델을 클릭한 다음 [목소리만] - [Apply All Slides]를 클릭해서 모든 장면에 삽입되어 있는 모델 이미지를 지웁니다.

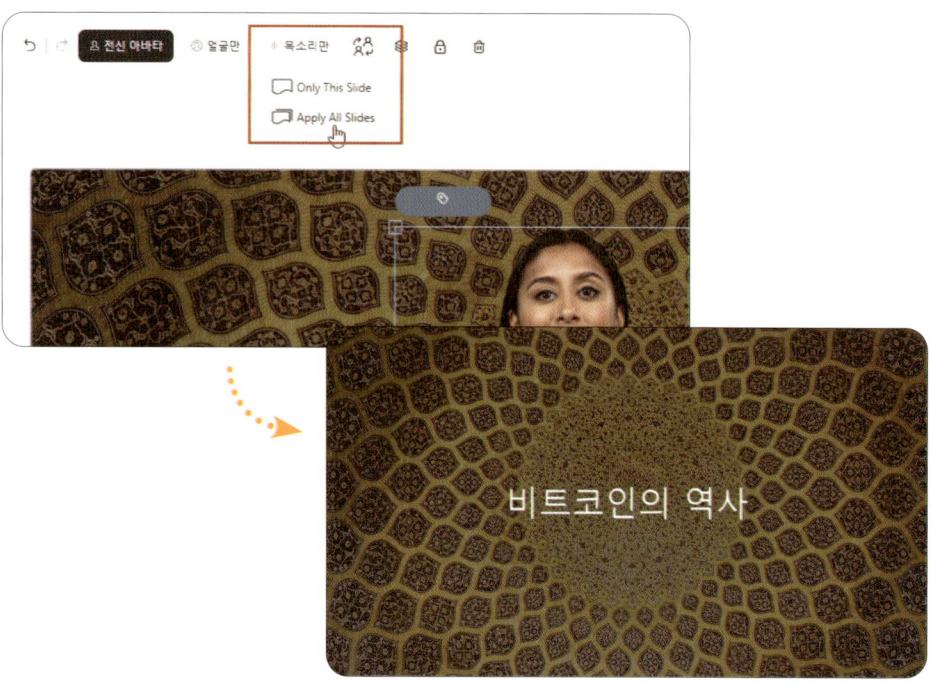

② 음성, 내레이션 넣어서 각 장면 꾸미기

① 음성을 변경하기 위해서 음성 목록 버튼을 클릭합니다.

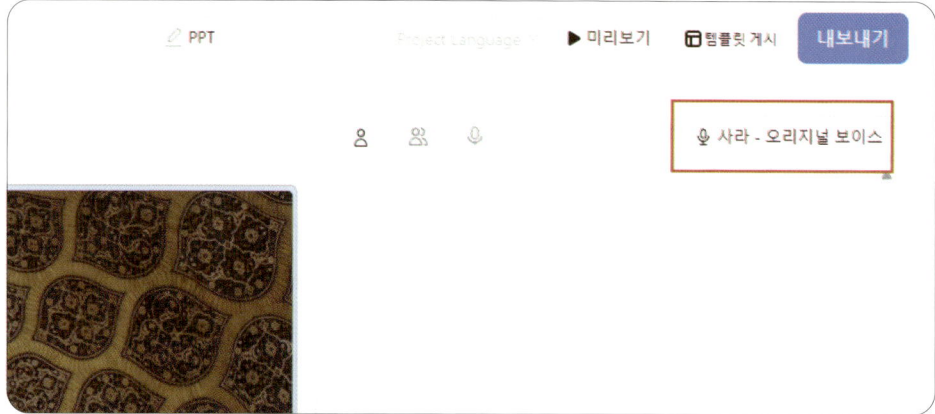

② [AI 음성 선택] 항목에서 사용하고 싶은 음성을 골라 클릭한 다음 [보이스 적용] 버튼을 클릭합니다.

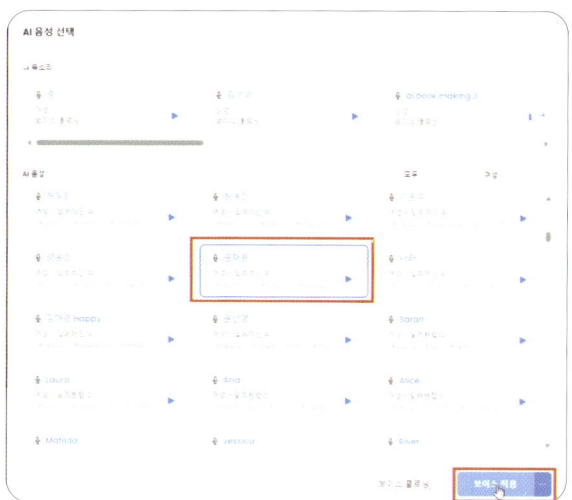

③ 각 장면의 스크립트 상자에 적당하게 글을 작성해서 꾸밉니다.

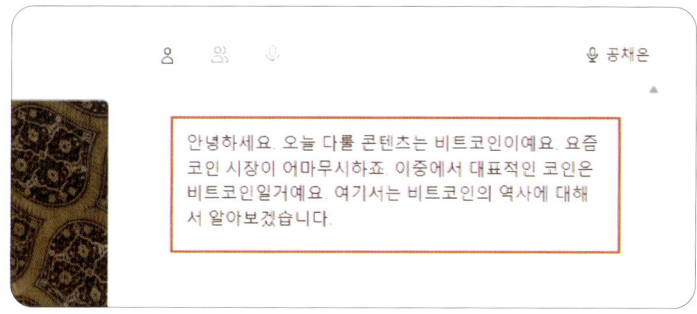

파워포인트의 슬라이드 노트에 기록되어 있는 텍스트가 스크립트 상자에 표시됩니다.

(TIP) **파워포인트 슬라이드 노트**

파워포인트의 각 슬라이드에 입력된 텍스트는 영상으로 제작 시 슬라이드 전체를 이미지로 표시해주므로 텍스트 수정을 더 이상 할 수 없게 됩니다. 그리고 파워포인트의 슬라이드 노트에 작성한 글은 내래이션으로 사용할 수 있는 스크립트로 표시합니다.

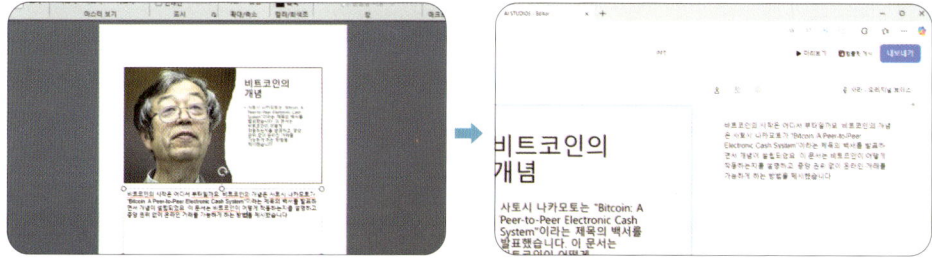

6. 파워포인트 자료로 빠르게 영상 만들기 163

④ 장면에 있는 … 버튼을 클릭한 다음 [전환 편집]을 클릭하고 효과를 선택합니다.

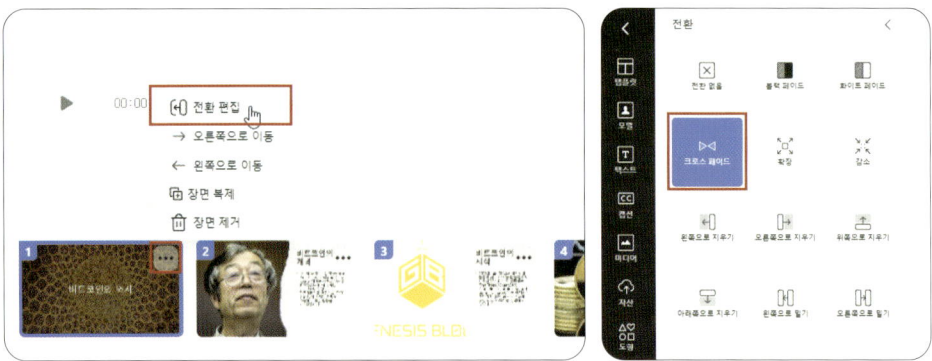

⑤ 같은 방법으로 모든 장면에 전환 효과를 넣어서 꾸밉니다.

전환 효과를 넣으면 장면과 장면 사이에 아이콘이 표시됩니다. 이 아이콘을 클릭하면 나타나는 전환 효과 목록에서 다른 효과로 변경할 수 있습니다.

③ 영상 미디어 넣어서 꾸미기

① [미디어] 도구에서 [영상] 탭을 클릭하고 검색창에 '비트코인'을 입력하고 검색합니다.

② 삽입할 영상을 골라서 클릭해서 본문에 넣은 다음 조절점을 드래그해서 장면 전체에 꽉 차도록 꾸밉니다.

③ [텍스트] 도구를 클릭하고 [제목 추가]를 클릭해서 영상 위에 제목을 꾸밉니다.

폰트 : NotoSans CJK, 폰트 크기 : 113, 글꼴 색상 : 흰색, 배경색 : 빨간색

④ 다른 장면에도 같은 방법으로 동영상을 넣어서 꾸밉니다.

⑤ 내보내기를 실행하여 영상을 열어 봅니다. 파워포인트의 각 슬라이드가 장면으로 꾸며졌으며 영상 요소를 넣은 부분도 영상이 잘 재생되는 것을 볼 수 있습니다.

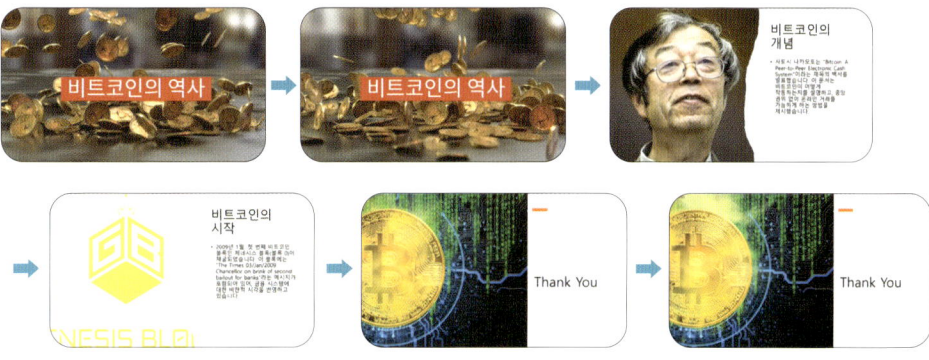

6. 파워포인트 자료로 빠르게 영상 만들기 165

07 AI로 MS 워드 문서를 보다 스마트한 영상으로 만들기

PART 03

\# 문서를 영상으로 \# [파일 배경] 옵션 \# 정렬

[AI STUDIOS]는 MS 워드, 파워포인트, 엑셀, PDF 문서를 영상으로 만들어주는 [문서를 영상으로] 기능을 제공합니다. 이 기능은 AI를 이용하여 보다 풍부한 텍스트와 자료를 추가하여 더 스마트하게 콘텐츠를 만들어 줍니다. 여기서는 이 기능을 이용하여 커피 생두를 소개하는 영상을 만들어 보겠습니다.

① 파일 배경으로 문서를 영상으로 변환하기

❶ MS 워드로 작업한 문서를 준비합니다.

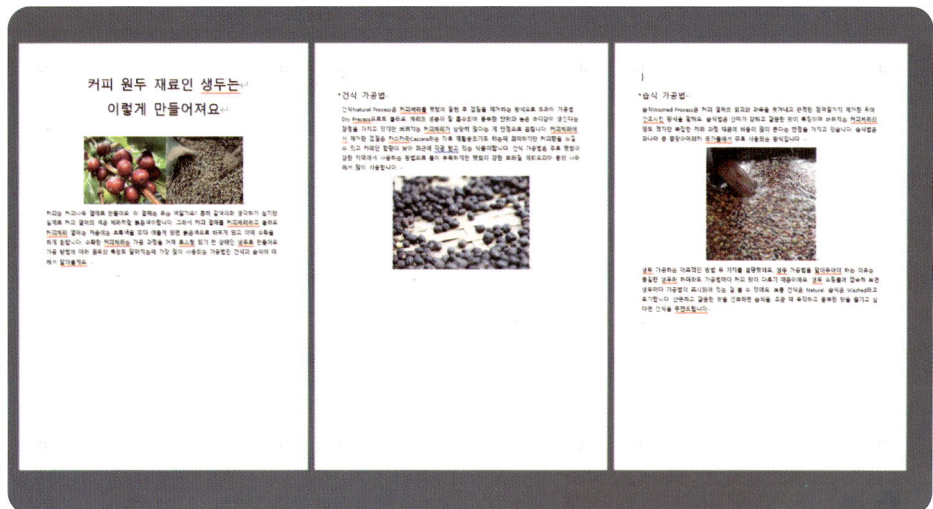

MS 워드 문서를 이용할 경우 장면별로 페이지를 나누고 제목은 스타일로 제목으로 설정해 주도록 합니다.

❷ [마케팅] 메뉴를 클릭한 다음 [문서를 영상으로]를 클릭합니다.

❸ 업로드 영역을 클릭한 다음 MS 워드 파일을 선택한 후 [AI 동영상 생성] 버튼을 클릭합니다.

TIP [문서를 영상으로]의 AI 기능

[문서를 영상으로] 기능은 MS 워드, MS 엑셀, MS 파워포인트 또는 PDF 문서를 지원합니다. 이 기능은 단순히 문서의 내용을 영상으로 옮기는 것이 아니라 AI를 이용하여 내용을 분석해서 내용도 추가하고 관련 이미지를 추가해서 새로운 콘텐츠를 만들어 주는 것입니다. 그러므로 이 기능을 이용하는 경우 AI로 새로 추가된 내용이 올바른지 검토해야 합니다.

④ 옵션 중에서 [파일 배경] 항목을 클릭해서 선택 해제하고 템플릿 목록에서 사용하고 싶은 템플릿을 선택한 다음 [AI 동영상 생성] 버튼을 클릭합니다.

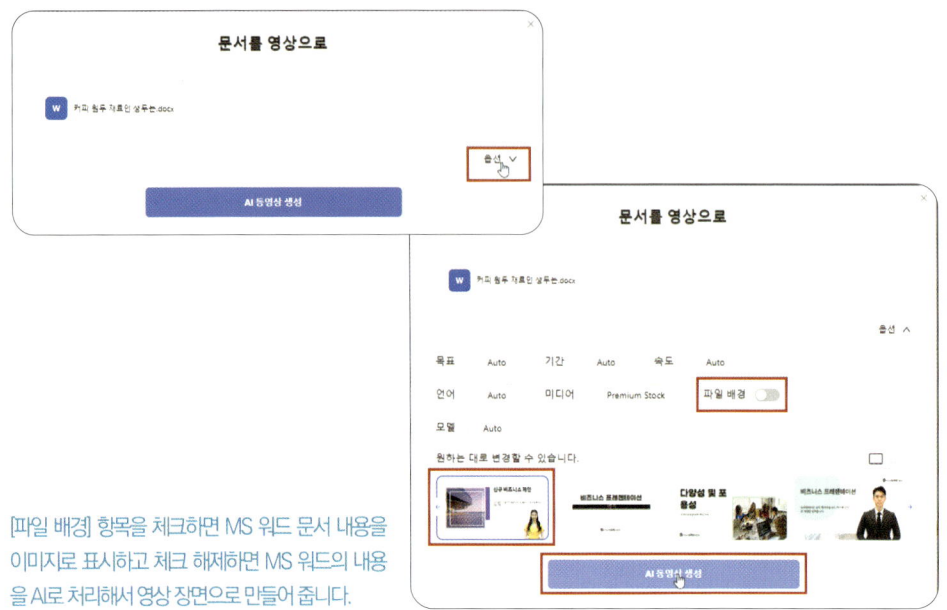

[파일 배경] 항목을 체크하면 MS 워드 문서 내용을 이미지로 표시하고 체크 해제하면 MS 워드의 내용을 AI로 처리해서 영상 장면으로 만들어 줍니다.

> **TIP** [문서를 영상으로] 옵션 설정

[문서를 영상으로] 옵션에서 원하는 스타일을 지정할 수 있습니다. 각 옵션의 기능에 대해서 알아보겠습니다.

- **목표** : 유튜브, 비즈니스, 교육용 영상 콘텐츠 종류를 선택합니다.
- **속도** : 동영상 진행 속도를 설정합니다.
- **언어** : 영상에 사용할 언어를 선택합니다. 선택한 언어로 텍스트와 음성을 모두 변경합니다. 한글로 작성한 문서를 외국어 영상으로 만들 때 유용합니다.
- **미디어** : 영상에 사용하는 자료의 종류를 선택합니다.
- **파일 배경** : MS 워드 내용을 이미지로 표시할지를 선택합니다. 파일 배경을 활성화하면 MS 워드의 각 페이지의 내용을 배경 이미지로 만듭니다. 이때 이미지는 편집 모드에서 수정할 수 없습니다.
- **모델** : 영상에 적용할 모델을 선택합니다.
- ⬜ : 영상을 가로형 또는 세로형을 선택합니다.
- **템플릿** : 영상에 사용할 템플릿을 선택합니다.

5 스크립트와 장면이 생성되면 [편집자] 버튼을 클릭합니다.

MS 워드의 내용을 AI로 분석해서 장면으로 재구성하였습니다.

6 편집 모드로 변환됩니다.

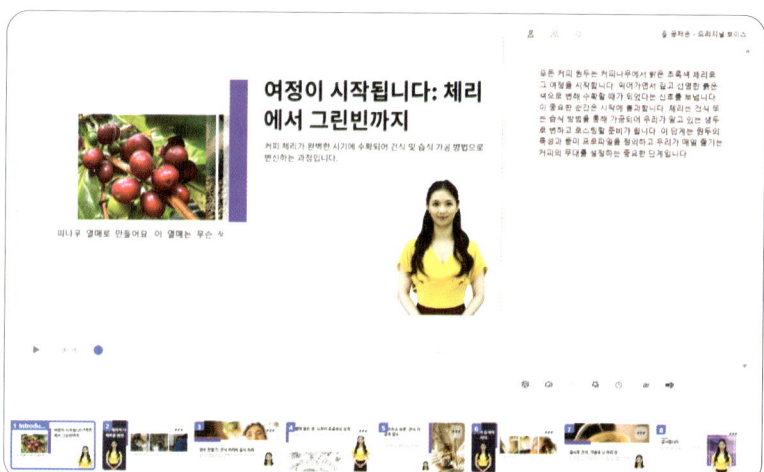

AI로 내용을 분석해서 직관적이고 시각적으로 재구성한 영상이 만들어 집니다. MS 워드의 원본과 다르므로 내용에 이상은 없는지 검토하는 작업이 필요합니다.

7. AI로 MS 워드 문서를 보다 스마트한 영상으로 만들기

② 요소 정리하기

1 장면에서 사용하지 않는 요소를 클릭한 후 [Del]를 눌러 삭제합니다.

2 텍스트 내용을 수정하기 위해서 텍스트 상자를 클릭한 다음 내용을 수정합니다.

3 이미지에서 불필요한 부분을 잘라내기 위해 이미지를 클릭한 다음 [자르기]를 클릭하고 조절점을 드래그해서 자를 부분을 잘라 냅니다.

MS 워드에 삽입되어 있는 이미지를 가져오는 경우 이미지 주변에 불필요한 텍스트가 함께 나타나는 경우가 있습니다. 이때 자르기를 이용하여 불필요한 내용을 지우도록 합니다.

③ 이미지 교체하고 정렬하기

❶ 특정 영역 밑에 위치해 있는 이미지를 다른 이미지로 교체하고 싶은 경우 이미지를 클릭한 다음 Del 를 눌러 이미지를 삭제합니다.

 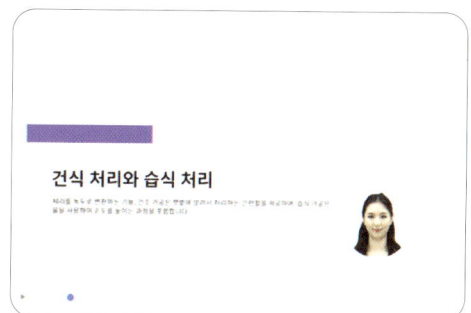

템플릿으로 구성된 장면 중 위의 형태처럼 전체 이미지 중 일부만 보이는 경우가 있습니다. 이러한 형태는 이미지 위에 다른 도형으로 이미지 일부를 가린 경우입니다. 그래서 이미지를 선택하고 드래그하면 흰색 사각형 도형 밑에 이미지가 움직이는 것을 볼 수 있습니다.

❷ [미디어] 도구의 [이미지] 탭에서 검색창에 검색어를 입력해서 장면에 넣을 이미지를 찾아 삽입합니다.

❸ 이미지의 조절점을 조절해서 이미지를 넣을 영역만큼 크게 확대합니다.

④ 이미지를 마우스 오른쪽 클릭한 다음 [Layer Position] - [Send to Bottom]을 클릭해서 이미지를 흰색 사각형 도형 밑으로 이동시킵니다.

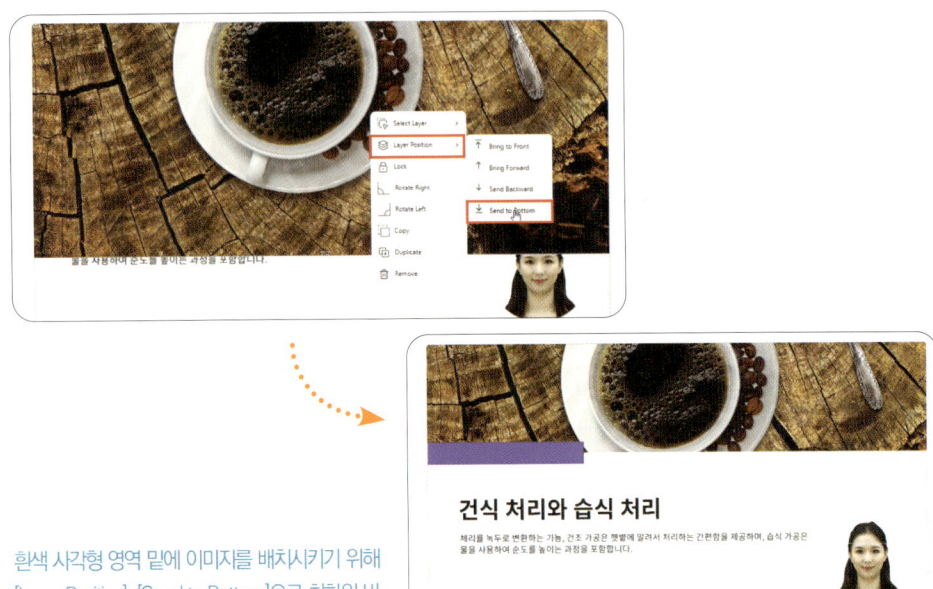

흰색 사각형 영역 밑에 이미지를 배치시키기 위해 [Layer Position]-[Send to Bottom]으로 최하위 바닥으로 위치를 이동시킵니다.

⑤ 다음과 같이 틀이 있는 이미지도 같은 방법으로 이미지를 교체합니다.

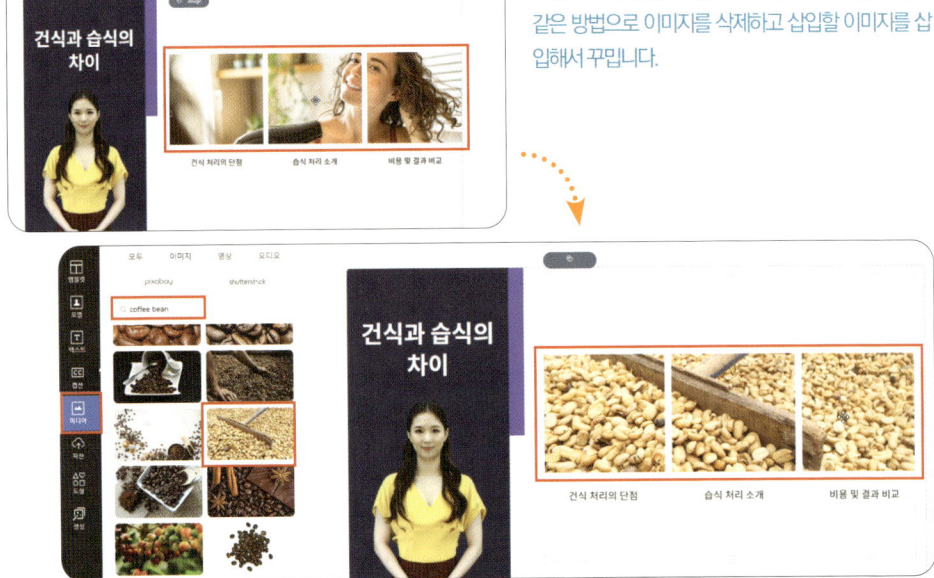

세로의 흰색 사각형을 이미지 위에 위치시켜 마치 창틀처럼 보이게 만든 구성입니다. 위에서 소개한 방법과 같은 방법으로 이미지를 삭제하고 삽입할 이미지를 삽입해서 꾸밉니다.

⑥ 여러 개의 이미지를 정렬하고 싶은 경우 Shift 를 누른 상태에서 정렬하고 싶은 이미지들을 클릭해서 선택합니다. 그런다음 [정렬] 버튼을 클릭한 다음 정렬하고 싶은 방향을 선택해서 정렬합니다.

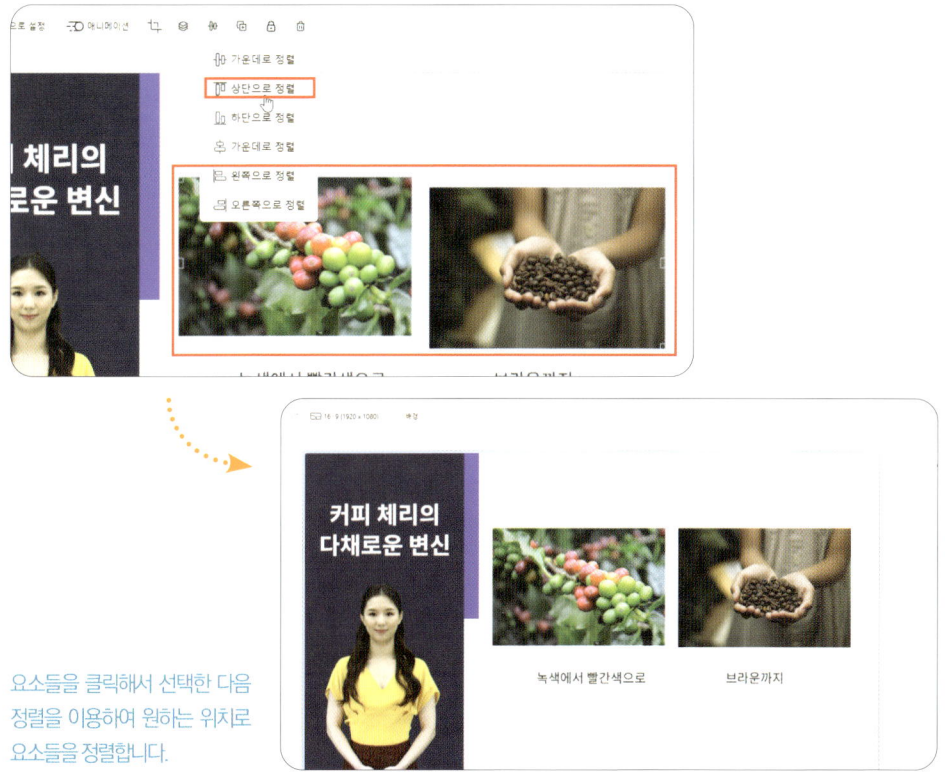

요소들을 클릭해서 선택한 다음 정렬을 이용하여 원하는 위치로 요소들을 정렬합니다.

⑦ [내보내기]를 클릭해서 작업한 영상을 확인합니다.

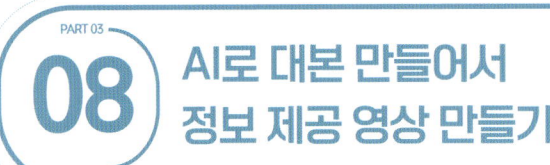

\# 텍스트 생성기 \# [루프] 옵션

    [AI STUDIOS]는 텍스트 AI 생성 도구인 [텍스트 생성기]를 지원하여 여러가지 글을 생성할 수 있습니다. 이 기능은 빠르게 대본을 만들고 싶을 때 유용하게 사용할 수 있습니다. 여기서는 [텍스트 생성기] 기능을 이용하여 스티브 잡스의 창의적인 사고를 만들어주는 방법을 소개하는 대본을 만들어서 영상을 만들어 보겠습니다.

① AI로 영상 대본 만들기

❶ [AI STUDIOS] 홈페이지에서 [AI 생성기] - [텍스트 생성기]를 클릭합니다.

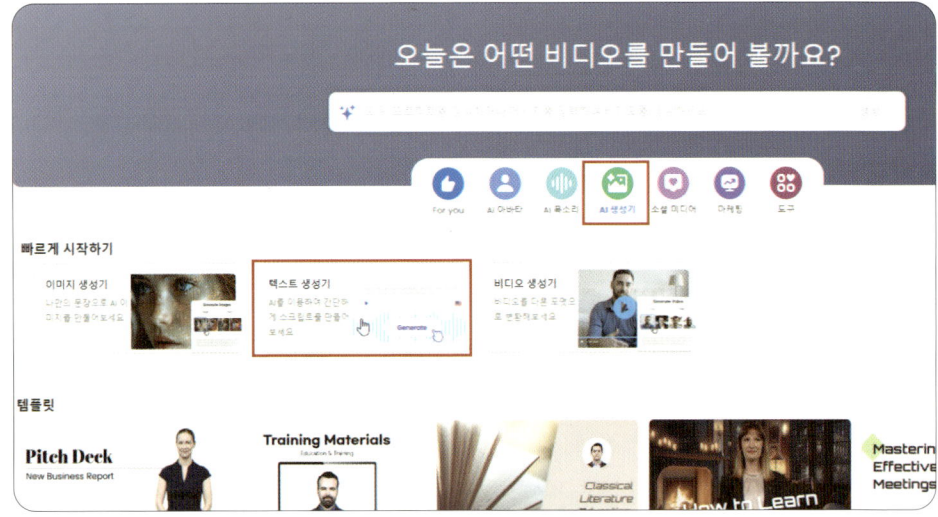

[텍스트 생성기]는 AI를 이용한 텍스트 생성한 자료를 이용하여 영상을 만들어주는 기능입니다. 이 기능을 이용하면 아주 빠르게 원하는 정보를 구하고 바로 영상을 만들 수 있습니다.

② 프롬프트 창에 질문을 적고 [생성]을 눌러 정보를 구한 후 [동영상 만들기] 버튼을 클릭합니다.

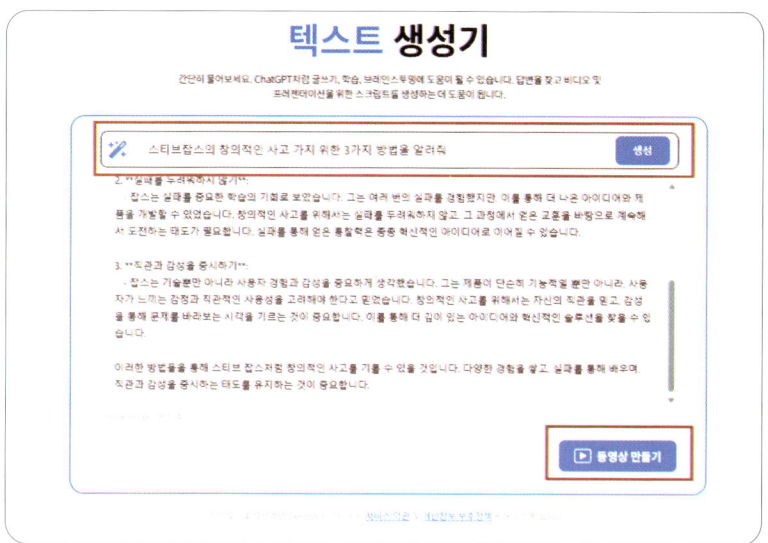

③ 하나의 장면에 내레이션에 모든 텍스트가 입력되어서 나타납니다.

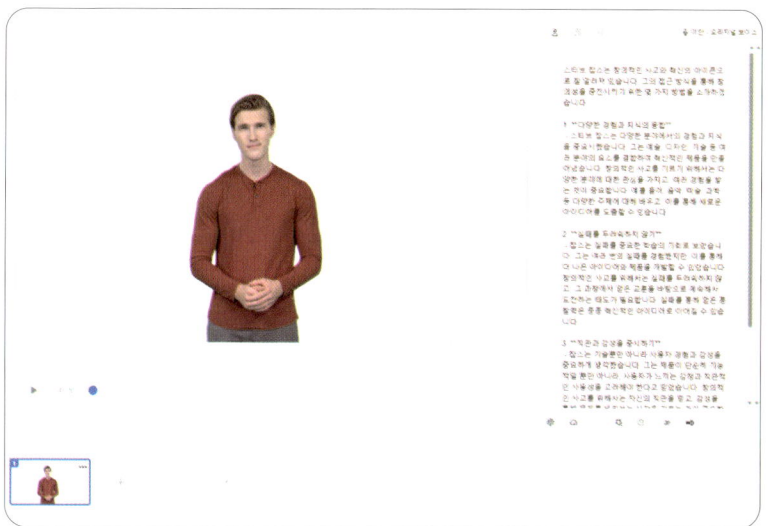

[텍스트 생성기]로 생성된 영상은 1개의 장면에 기본 배경과 기본 모델이 삽입된 영상이 만들어 집니다. 사용자가 직접 장면을 꾸며서 제작합니다.

② 장면 추가하고 대본 분배하기

① 장면을 추가해서 내용에 알맞는 분량의 장면을 추가 합니다.

② 첫 번째 장면에 입력되어 있는 텍스트 중 사용하지 않는 텍스트를 블록으로 설정한 다음 Ctrl + X를 눌러 내용을 잘라냅니다.

③ 두 번째 장면을 클릭한 다음 스크립트 상자를 클릭해서 커서를 위치한 다음 Ctrl + V를 눌러 앞에서 잘라낸 내용을 붙여 넣습니다.

④ 같은 방법으로 텍스트를 잘라서 붙여 넣어 각 장면에 필요한 텍스트를 만듭니다.

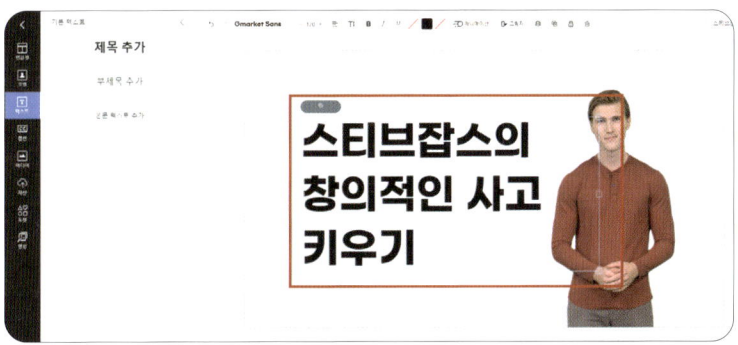

③ 동영상 배경이 있는 영상 꾸미기

① 텍스트를 추가해서 제목을 꾸밉니다.

② 텍스트에 [[인]아래] 애니메이션 효과를 설정합니다.

텍스트 속성 : 글꼴(Gmarket Sans), 크기(120pt)
애니메이션 : [인]아래

③ 두 번째 장면을 클릭한 다음 모델은 [얼굴만]으로 설정한 후 오른쪽 하단에 위치시킵니다.

④ 텍스트를 2개 추가해서 글과 번호를 입력해서 꾸밉니다.

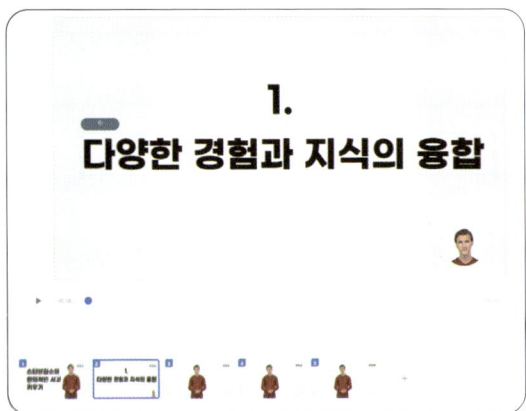

텍스트 속성 : 글꼴(Gmarket Sans),
크기(120pt)

⑤ [미디어] 도구의 [영상] 탭에서 '지식' 단어를 검색해서 적당한 동영상을 골라 삽입합니다.

⑥ 동영상을 마우스 오른쪽 클릭한 다음 [Layer Position] - [Send to Bottom]을 클릭해서 동영상을 바닥으로 배치시킵니다.

⑦ 동영상에 맞게 텍스트의 색상을 설정해서 꾸밉니다.

⑧ 동영상을 클릭한 다음 상단 메뉴에서 [루프]를 클릭합니다.

[루프]는 선택한 동영상의 재생이 끝나면 다시 반복해서 실행하도록 해주는 옵션입니다. 모든 동영상마다 재생 길이가 있는데 장면 재생 시간보다 짧으면 동영상이 끊기는 것을 막기 위해서 [루프]를 설정합니다.

⑨ 스크립트 상자에서 중간에 잠시 쉬어야 할 부분에 ⓘ [일시정지] 버튼을 클릭해서 0.5초 대기 타임을 설정합니다.

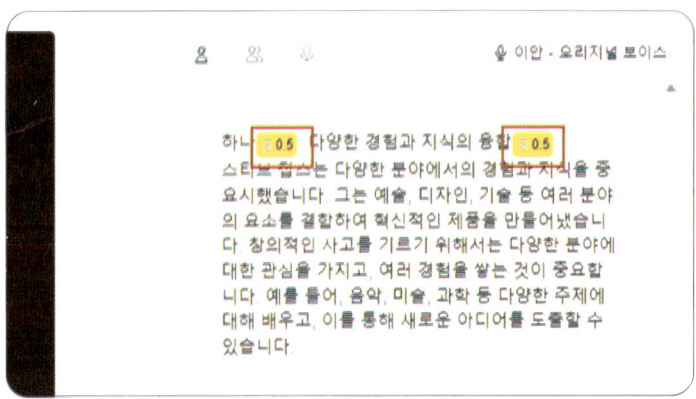

내레이션은 모든 문장을 쉼 없이 읽어주기 때문에 제목과 본문 등 내용을 끊고 싶은 부분에 일시정지를 설정해주는 것이 좋습니다.

⑩ 같은 방법으로 두 번째 장면도 꾸밉니다.

텍스트 속성 : 글꼴(Gmarket Sans), 크기(120pt), 애니메이션(확대). 동영상 : '실패' 관련 영상

⑪ 같은 방법으로 두 번째와 세 번째 장면도 꾸밉니다.

두 번째 장면 : 글꼴(Gmarket Sans), 크기(120pt), 애니메이션([안좌]), 동영상 : '감각' 관련 영상
세 번째 장면 : 글꼴(Gmarket Sans), 크기(120pt), 동영상 : '하늘' 관련 영상

⑫ 각 장면마다 장면 전환 효과를 설정합니다.

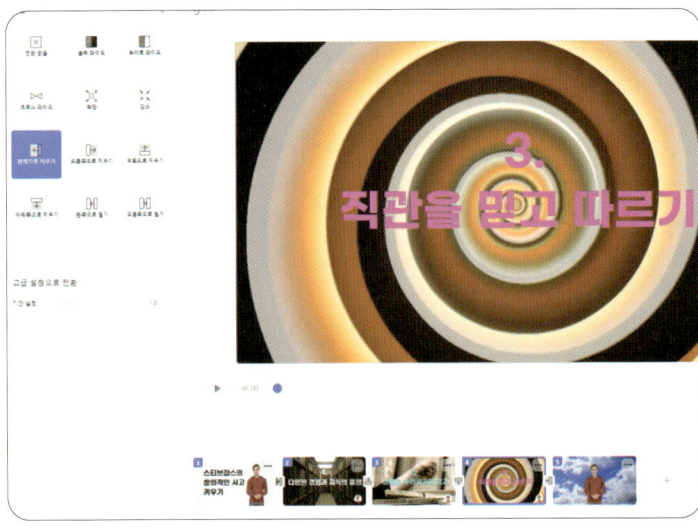

[왼쪽으로 밀기], [위쪽으로 지우기], [아래쪽으로 지우기], [왼쪽으로 지우기] 순으로 설정

⑬ [미디어] 도구의 [오디오] 탭에서 배경 음악을 골라 영상에 적용합니다.

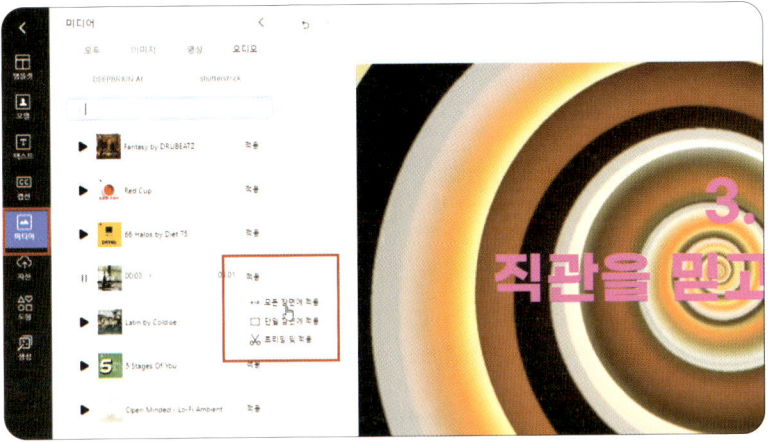

⑭ 작업이 완료되었으면 내보내기를 실행하여 영상을 확인합니다. 장면 전환과 함께 각 장면이 재생됩니다.

09 홈페이지 정보로 빠르게 영문 동영상 콘텐츠 만들기

PART 03

URL을 영상으로 # [언어] 옵션

    [AI STUDIOS]는 정보가 담겨 있는 홈페이지 주소를 넣으면 AI를 이용하여 동영상을 만들어 주는 [URL을 영상으로] 기능을 제공합니다. 이 기능은 홈페이지의 정보를 토대로 빠르게 영상을 만들 때 유용합니다. 또한 외국어 번역 기능을 통하여 원하는 언어로 동영상을 만들 수 있습니다. 여기서는 이 기능을 사용해서 천문대 홈페이지 정보를 이용하여 영문의 천문 소개 동영상을 만들어 보겠습니다.

① 홈페이지 정보로 동영상 만들기

1 영상으로 만들고 싶은 내용을 담고 있는 홈페이지를 연 다음 주소를 클릭해서 블록을 설정한 다음 Ctrl + C 를 눌러 복사합니다.

영상으로 사용할 홈페이지를 선택할 경우 내용이 텍스트로 구성되어 있는 페이지를 선택합니다. 텍스트를 마우스로 드래그해서 블록이 설정되면 텍스트입니다. 이미지 파일로 구성된 텍스트보다는 텍스트로 구성된 페이지를 활용하는 것이 좋습니다.

❷ [AI STUDIOS] 홈페이지에서 [마케팅] - [URL을 영상으로]를 클릭합니다.

[URL을 영상으로]는 지정한 홈페이지의 내용을 AI로 분석하여 영상으로 만들어 주는 기능입니다.

❸ [URL을 영상으로]에서 텍스트 상자를 클릭하고 Ctrl + V 를 눌러 주소를 입력하고 [옵션]을 클릭합니다.

❹ [언어] 항목을 [English]를 선택하고 사용하고 싶은 템플릿을 선택한 다음 [AI 동영상 생성] 버튼을 클릭합니다.

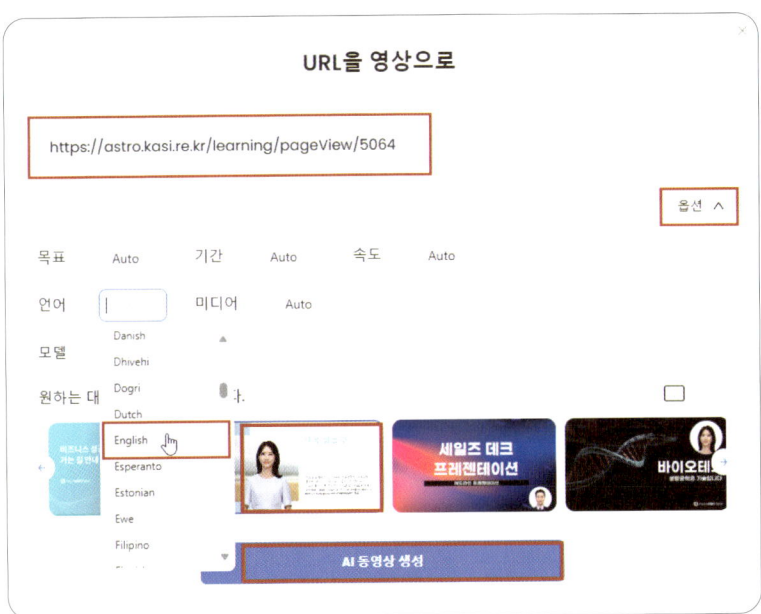

[AI STUDIOS]는 130여 개의 언어를 지원하여 [언어] 항목에서 사용하고 싶은 언어를 선택하면 해당 언어로 영상을 만들어 줍니다.

❺ 장면과 내레이션 변환이 완료되면 [편집자] 버튼을 클릭합니다.

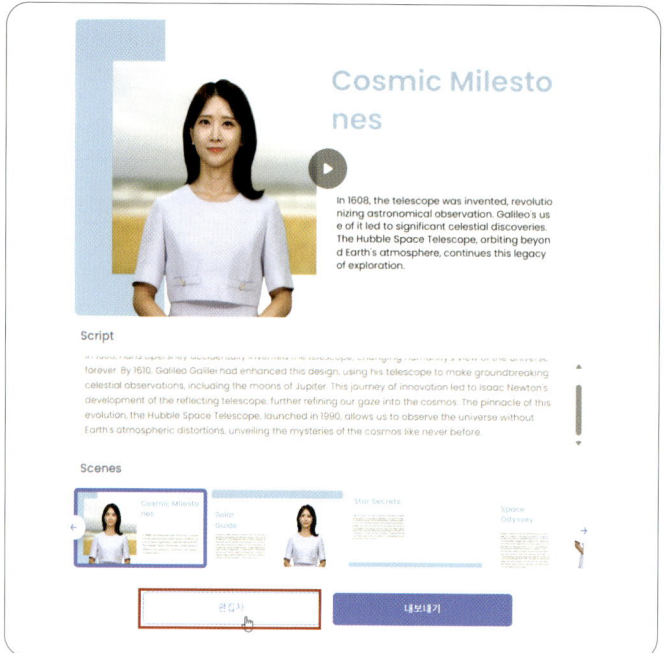

내용이 많으면 장면과 내레이션 변환이 오래걸립니다. 변환이 완료될 때까지 기다린 후 편집 작업을 하도록 합니다. [편집자] 버튼에 마우스 포인터를 위치하면 현재 진행 과정을 확인할 수 있습니다.

② 도형을 이용하여 멋지게 장면 꾸미기

❶ [모델] 도구에서 변경하고 싶은 모델을 클릭해서 바꿉니다.

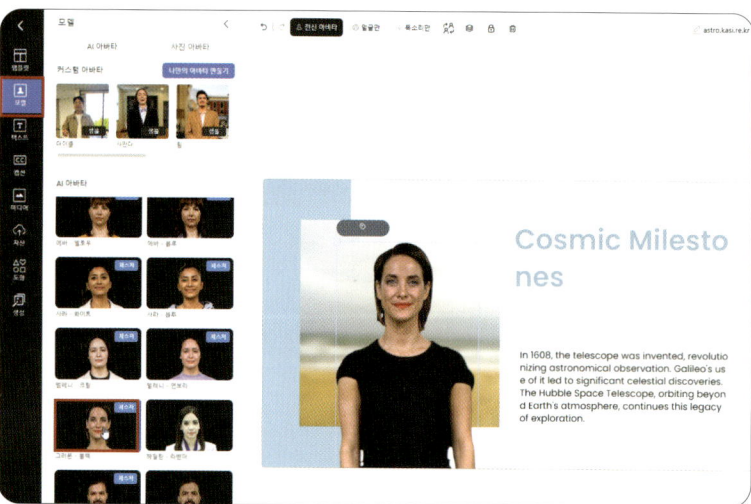

❷ 모델을 클릭한 상태에서 [모든 장면에 적용] - [Change All Models]을 클릭해서 모든 장면의 모델도 변경합니다.

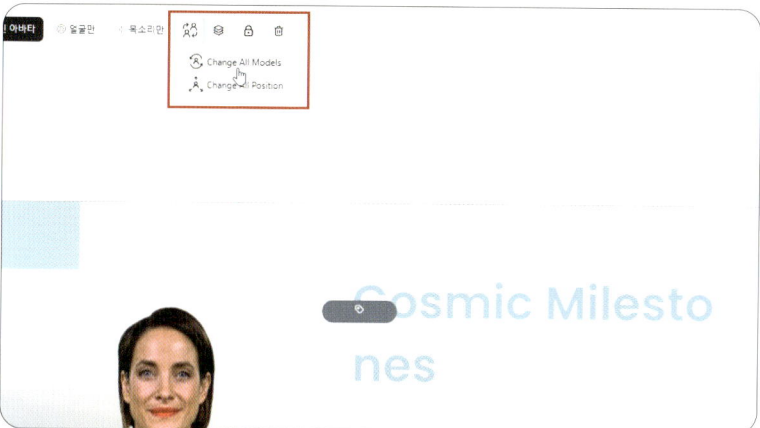

❸ 모델과 텍스트 상자를 제외하고 다른 요소를 클릭한 다음 Del 을 눌러 모두 삭제합니다.

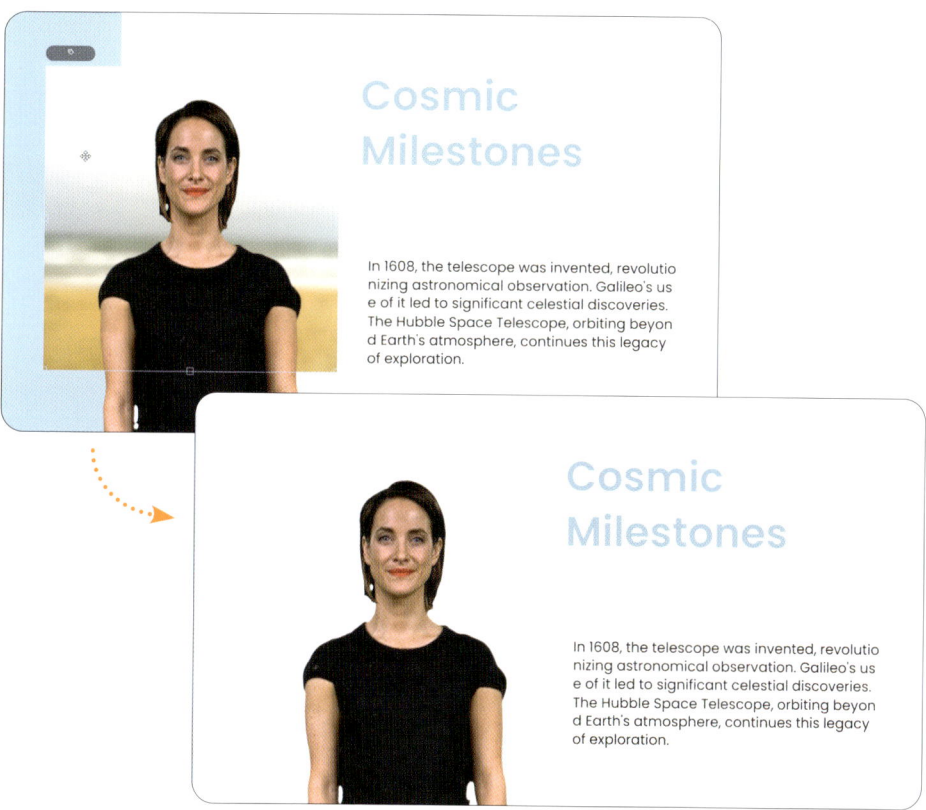

④ [미디어] 도구의 [이미지] 탭에서 'star'를 검색해서 별 관련 이미지를 골라 장면에 꽉 차게 삽입합니다.

⑤ 삽입한 이미지를 마우스 오른쪽 클릭한 다음 [Layer Position] - [Send to Bottom]을 클릭해서 가장 밑으로 이미지를 위치시킵니다.

 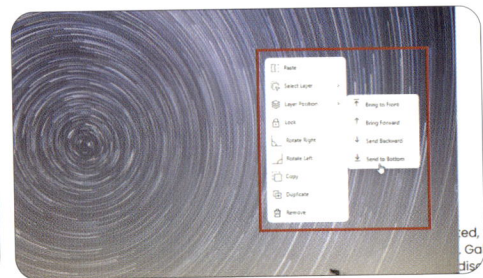

⑥ [도형] 탭을 클릭한 다음 별 모양의 도형을 삽입한 후 크기와 위치를 조절해서 다음과 같이 배치합니다.

⑦ 도형과 배경 이미지를 순서대로 [Layer Position] - [Send to Bottom]를 실행시킵니다.

 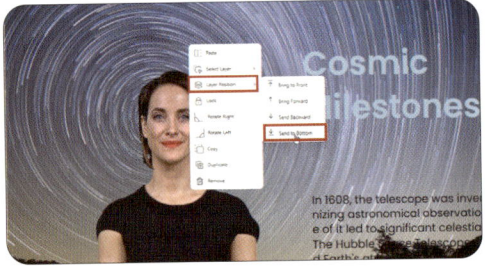

도형을 아래로 이동한 다음 별 이미지도 아래로 이동하여 텍스트, 이미지, 도형 순으로 레이어 위치를 정렬합니다.

❽ 도형의 색을 흰색으로 변경합니다.

❾ 텍스트의 속성과 위치를 조절해서 예쁘게 꾸밉니다.

제목 글꼴 : Gmarket Sans
본문 글꼴 : Binggrae

③ 애니메이션을 이용하여 멋진 효과 만들기

❶ 두 번째 장면으로 이동한 다음 모델은 목소리만으로 설정해서 감추고 도형은 삭제해서 텍스트 상자만 남깁니다.

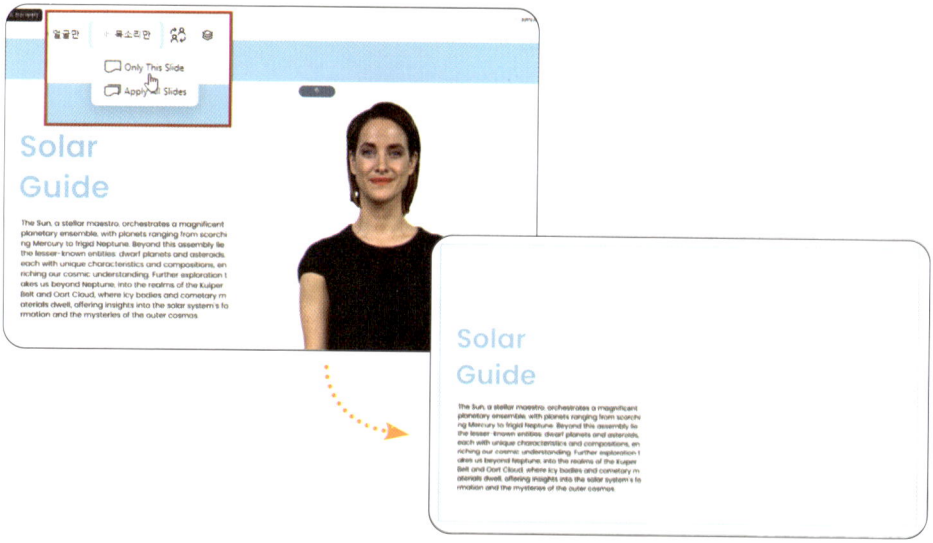

❷ [미디어] 도구의 [이미지] 탭에서 'sun'을 검색한 후 이미지를 골라 장면의 2/3 정도 크기를 차지하도록 위치와 크기를 조절해서 배치합니다.

❸ [도형] 도구에서 마름모 모양의 도형을 삽입한 후 크기와 위치를 조절해서 다음과 같이 배치합니다.

❹ 도형과 이미지 순으로 [Layer Position] - [Send to Bottom]을 각각 클릭해서 위치를 재설정합니다.

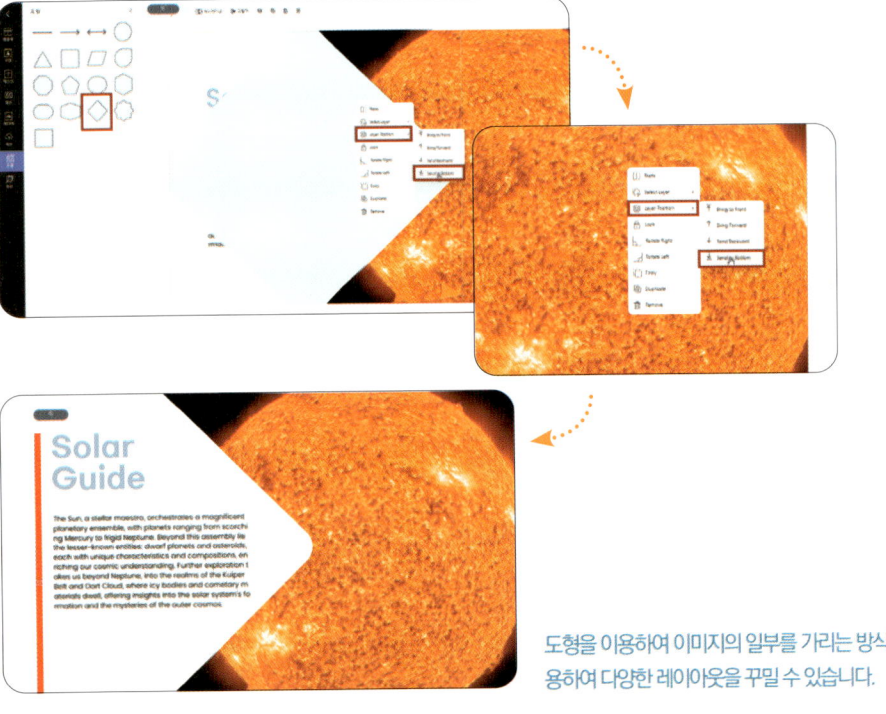

도형을 이용하여 이미지의 일부를 가리는 방식을 이용하여 다양한 레이아웃을 꾸밀 수 있습니다.

④ AI로 영상 대본 만들기

❶ 배경 이미지를 마우스 오른쪽 클릭한 다음 [Duplicate]를 클릭해서 복제합니다.

❷ 도형, 텍스트 상자 2개 순으로 [Layer Position] - [Bring to Front]를 클릭해서 위치를 설정합니다.

[Bring to Front]는 선택한 요소를 맨 앞으로 이동시킵니다.
도형과 텍스트 상자를 맨 앞으로 이동시킵니다. 복제한 이미지가 모델 앞에 위치하여 모델이 감춰지게 됩니다.

③ 이미지를 클릭한 다음 [애니메이션]을 클릭해서 [페이드 아웃]을 클릭합니다.

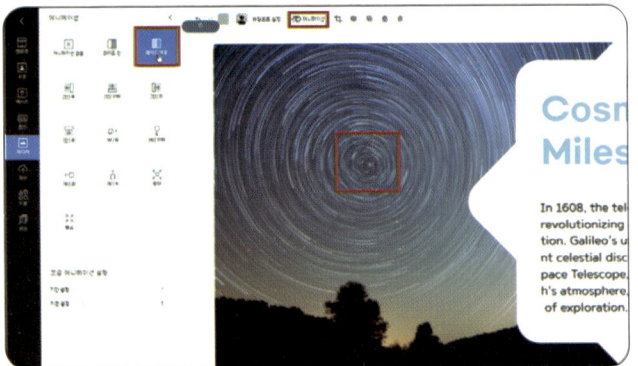

이미지에 페이드 아웃을 실행하여 이미지가 서서히 사라지게 하여 이미지 밑에 있는 모델이 나타나게 만듭니다. 이렇게 설정하면 마치 모델이 서서히 나타나는 것처럼 보입니다.

④ 두 번째 장면에서 이미지를 마우스 오른쪽 클릭한 다음 [Duplicate]를 클릭해서 복제합니다.

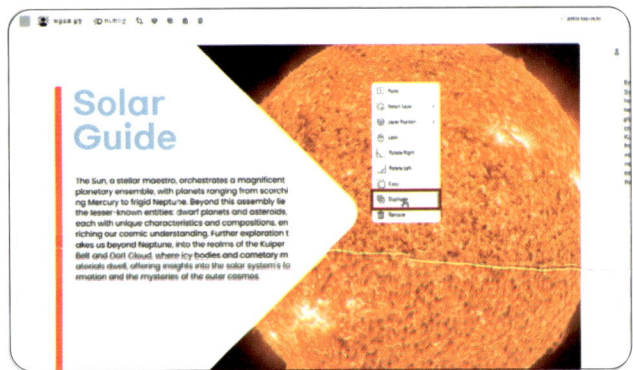

이미지를 복제하면 복제한 이미지가 맨 위에 배치됩니다.

⑤ 복제한 앞의 이미지를 오른쪽 클릭하고 [Layer Position] - [Send to Bottom]를 클릭해서 이미지를 맨 뒤로 이동시킵니다.

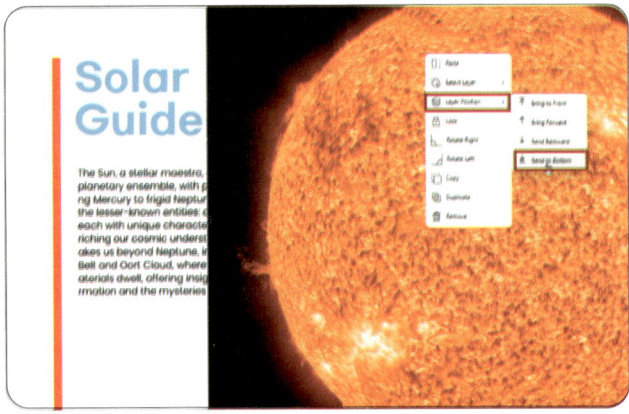

❻ 그 다음 이미지를 클릭한 다음 마우스로 드래그해서 위치를 살짝 이동시킵니다.

❼ 이미지를 선택한 상태에서 [애니메이션]을 클릭한 다음 [페이드 아웃]을 클릭합니다.

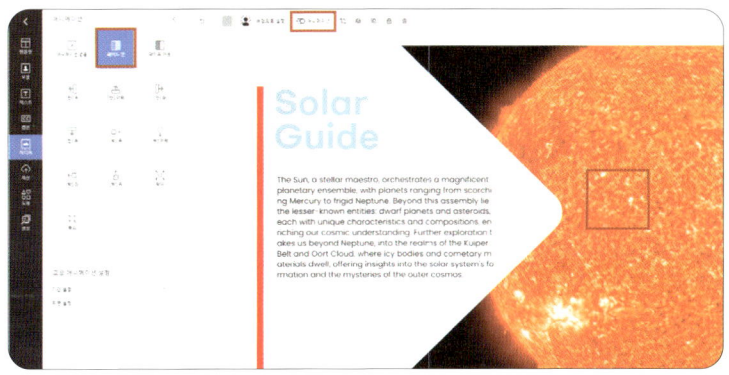

화면 위에 있는 이미지의 해 위치와 아래에 있는 이미지의 해 위치를 다르게 설정합니다.

❽ 작업이 완료되었으면 내보내기를 실행하여 영상을 확인합니다. 모델이 서서히 나타나고 두 번째 장면은 해가 서서히 움직이는 효과를 볼 수 있습니다.

9. 홈페이지 정보로 빠르게 영문 동영상 콘텐츠 만들기

PART 03
10 크로마키 영상을 이용하여 세일 상품 소개 영상 만들기

#크로마키 비디오 #투명 이미지 #PNG #크로스 페이드

크로마키는 배경이 투명한 영상을 말합니다. [AI STUDIOS]에서는 배경이 투명한 영상을 만들 수 있는 [크로마키 비디오]를 제공합니다. 여기서는 이 기능을 이용하여 크로마키 영상에 배경 이미지와 상품 이미지를 등록해서 세일 상품을 소개하는 영상을 만들어 보겠습니다.

① 크로마키 영상 만들기

1 [AI STUDIOS] 홈페이지에서 [AI 아바타] - [크로마키 비디오]를 클릭합니다.

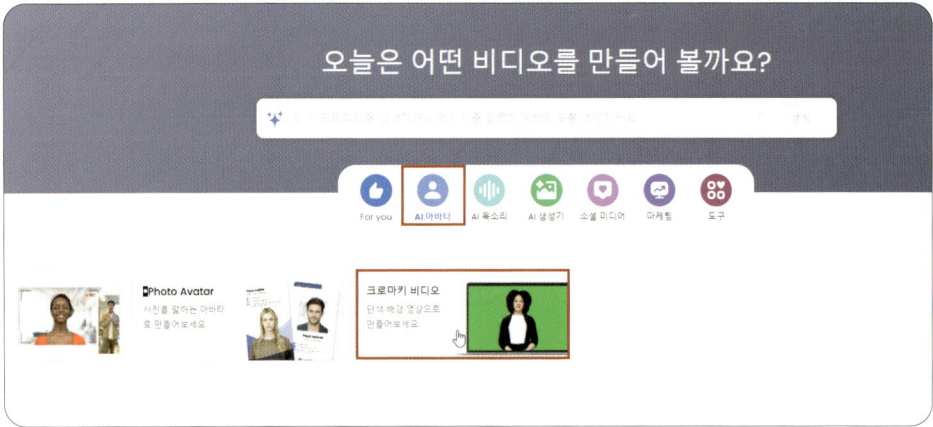

크로마키란 두 개의 영상을 합성하는 기술을 뜻합니다. 영상을 합성을 하기 위해서 배경을 투명하게 만드는데 이때 배경을 파란색 또는 초록색 배경으로 촬영합니다. 그리고 편집할 때 파란색 또는 초록색 배경을 디지털로 색을 지워 투명하게 만들어서 영상 합성에 사용합니다. [크로마키 비디오]는 배경이 없는 영상으로 사용자가 배경을 넣어 마음대로 꾸밀 수 있습니다.

② 초록 배경에 모델이 삽입되어 있는 영상이 열립니다. 영상을 편집하기 위해서 [고급 편집자] 버튼을 클릭합니다.

크로마키 영상은 스크립트만 입력해서 영상을 만듭니다. 모델을 변경하는 등의 다른 작업을 할 수 없습니다. 영상을 편집하려면 [고급 편집자] 버튼을 클릭해서 편집 모드로 이동합니다.

③ 편집 화면으로 이동되면 [모델] 도구를 클릭한 다음 변경하고 싶은 모델을 선택해서 모델을 변경합니다.

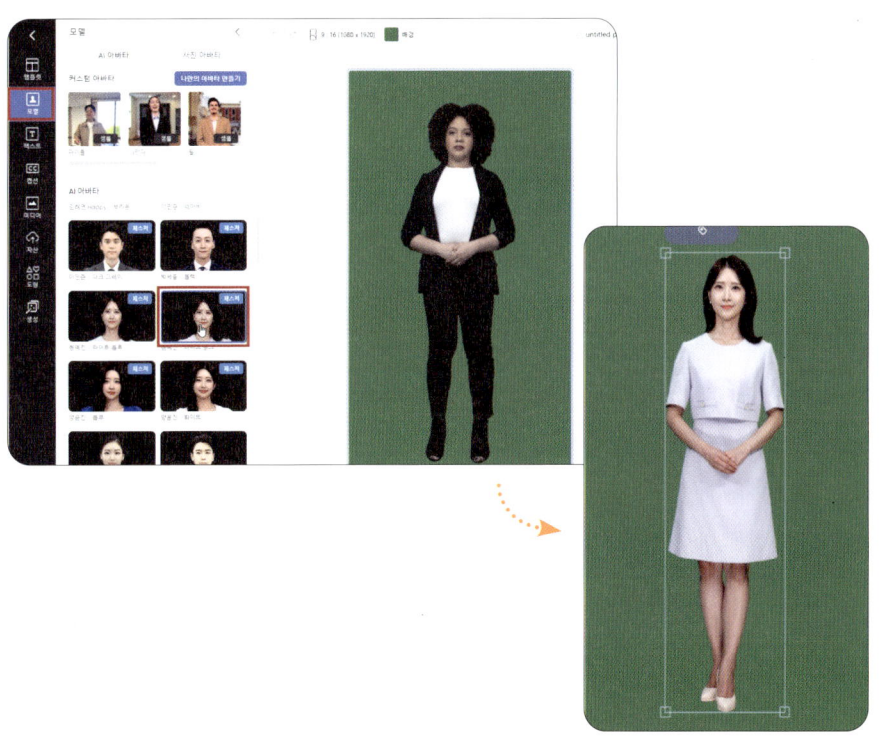

② 투명 처리된 상품 이미지 등록해서 꾸미기

❶ [자산] 도구에서 [이미지/동영상/오디오 파일 업로드] 버튼을 클릭합니다.

❷ 영상에 삽입할 이미지를 선택한 다음 [열기] 버튼을 클릭합니다.

여러 개의 파일을 함께 선택하려면 Ctrl를 누른 상태에서 파일을 클릭해서 선택합니다.

❸ [자산] 도구에서 앞에서 등록한 이미지 중 배경에 사용할 이미지를 선택해서 삽입합니다.

❹ 이미지를 마우스 오른쪽 클릭한 다음 [Layer Position] - [Send to Bottom]를 클릭해서 모델 밑으로 위치를 조절합니다.

⑤ 모델을 드래그해서 화면 오른쪽으로 이동시킵니다.

⑥ [도형] 도구를 클릭해서 원 도형을 삽입한 후 도형의 조절점을 드래그해서 타원의 원을 만들어서 꾸밉니다.

⑦ 도형의 색을 배경 이미지와 어울리는 색으로 변경합니다.

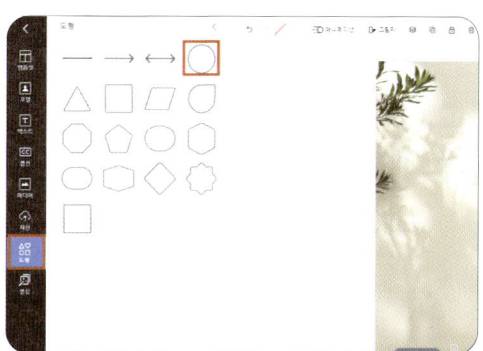 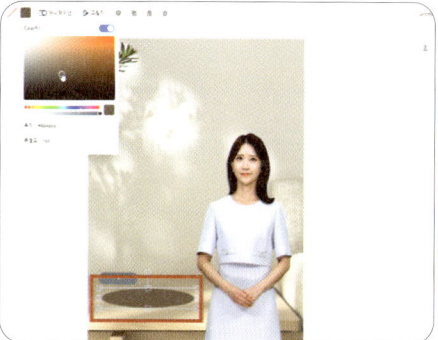

⑧ [자산] 도구에서 영상에 사용할 이미지를 클릭해서 테이블 위에 어울리도록 꾸밉니다.

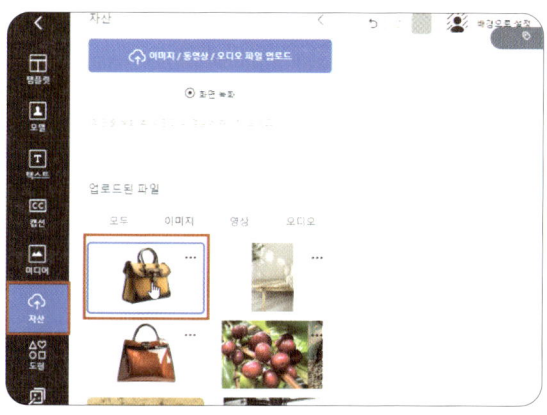 

TIP 배경이 투명한 이미지

포토샵에서 배경을 투명하게 처리한 후 PNG로 저장해서 만든 이미지를 [AI STUDIOS]에서 불러오면 투명 이미지를 이용할 수 있습니다.

❾ 텍스트를 삽입해서 다음과 같이 꾸밉니다.

제목 글꼴 : Gmarket Sans
40%, Sale 글자 글꼴 : Noto Sans

③ 내레이션 작성하고 애니메이션 효과 넣기

❶ 스크립트 상자에 내레이션에 넣을 글을 작성하고 적당하게 제스처도 넣어서 꾸밉니다.

안녕하세요. 오늘은 깜짝 세일 명품 가방을 가져 왔습니다. 명품 가방의 이 제품은 [오른손] 요즘 가장 핫한 제품이죠. 천연 가죽에 튼튼한 스티치가 매력적이랍니다. 그런데 이 제품 너무 비싸지 않냐구요. [양손] 걱정하지 마세요. 지금 여러분을 위한 깜짝 세일로 진행하고 있으니까요. [오른손] 무려 40 프로나 할인한답니다. 이 기회를 놓치지 마세요.

❷ 상품 이미지와 원 도형에 [페이드 인] 애니메이션을 설정합니다. 이때 [지연 설정]은 '4'로 설정합니다.

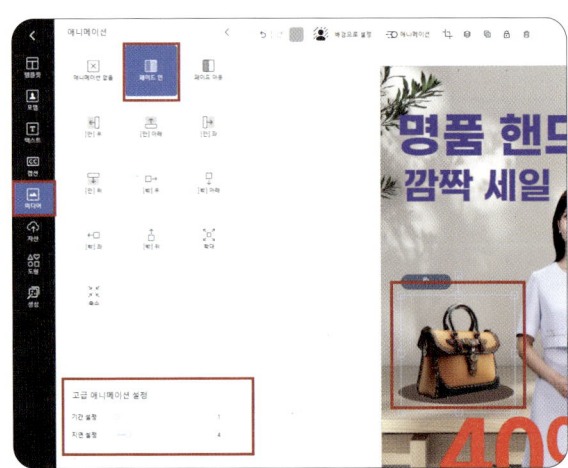

0.4 후에 상품 이미지가 서서히 나타나는 효과를 연출합니다.

❸ '40%', 'Sale' 텍스트에는 [[인]우] 애니메이션을 설정합니다. 이때 [지연 설정]은 '25'를 입력합니다.

2.5 초 후에 세일 정보 텍스트가 오른쪽에서 날아오는 효과를 연출합니다.

④ 자연스럽게 연결되는 두 번째 장면 만들기

❶ 장면을 추가해서 두 번째 장면을 만듭니다.

❷ [모델] 도구에서 변경하고 싶은 모델을 클릭해서 변경합니다.

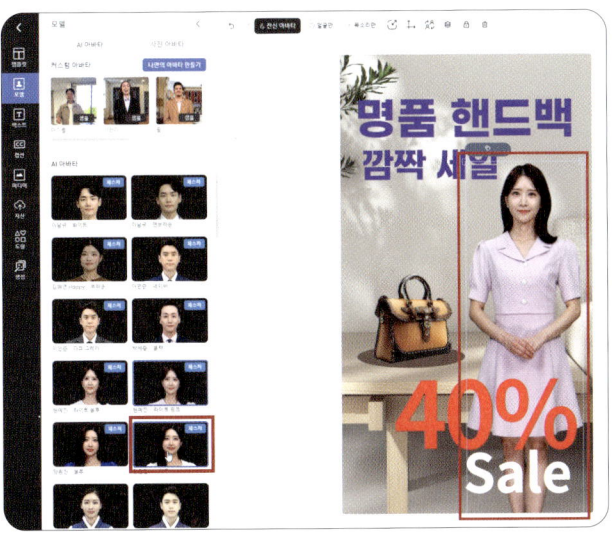

❸ 상품 이미지를 삭제한 후 [자산] 도구에 등록된 다른 상품 이미지를 삽입합니다.

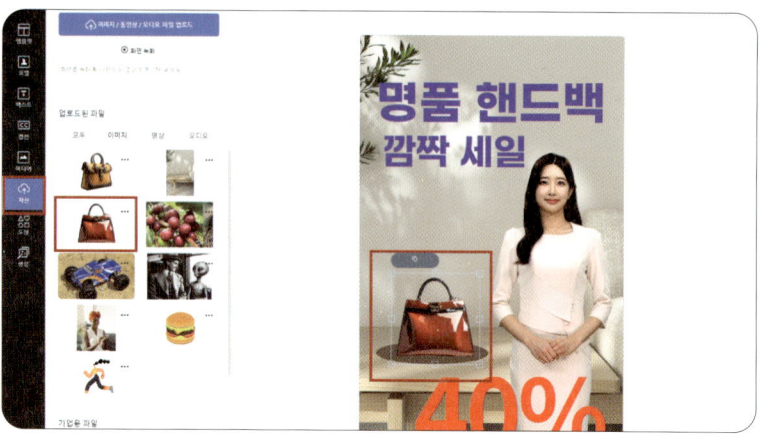

❹ 스크립트 상자에 내레이션을 작성하고 적절하게 제스처를 넣어서 꾸밉니다.

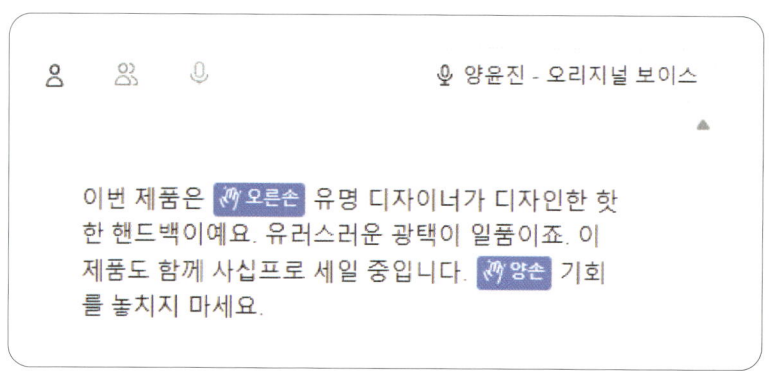

❺ 상품 이미지에 [페이드 인] 애니메이션 효과를 설정합니다.

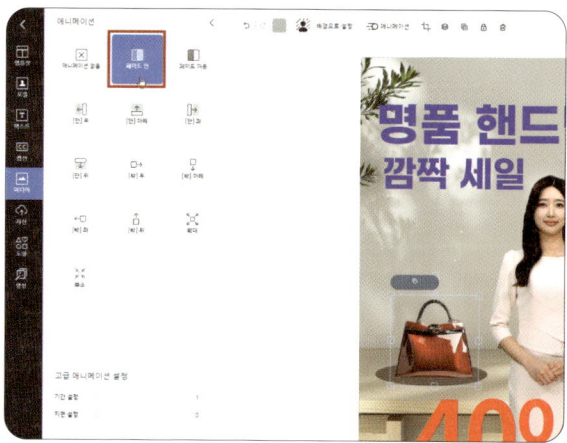

❻ 첫 번째 장면의 ⋯ 버튼을 클릭하고 [전환 편집]을 클릭해서 [크로스 페이드] 효과를 넣습니다.

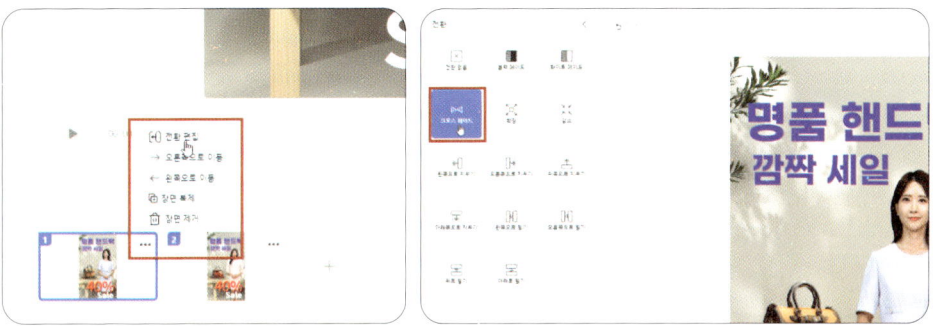

[크로스 페이드]는 두 영상이 서로 교차해서 자연스럽게 두 영상을 연결해주는 효과입니다. 비슷한 두 영상에 사용하면 두 영상 중 다른 부분인 모델과 상품 이미지가 자연스럽게 변화되는 효과를 연출할 수 있습니다.

❼ 작업이 완료되었으면 내보내기를 실행하여 영상을 확인합니다. 모델과 상품이 나타났다가 교체되는 영상 효과를 볼 수 있습니다.

PART 03
11 릴스용 동영상 하이라이트 영상 만들기

#소셜미디어 다운로더 #비디오 하이라이트 #릴스 영상

[AI STUDIOS]는 인터넷 주소만 있으면 인터넷에 있는 동영상을 다운로드할 수 있는 [소셜미디어 다운로더] 기능과 영상 중 주제에 맞게 짧은 영상을 만들어 주는 [비디오 하이라이트] 기능을 제공합니다. 이 기능을 이용하여 짧은 영상을 만드는 방법에 대해서 알아보겠습니다.

① 인터넷 동영상 다운로드 받기

① 유튜브 중 다운로드 받고 싶은 채널을 연 후 [공유] 버튼을 클릭하면 나타나는 창에서 [복사] 버튼을 클릭합니다.

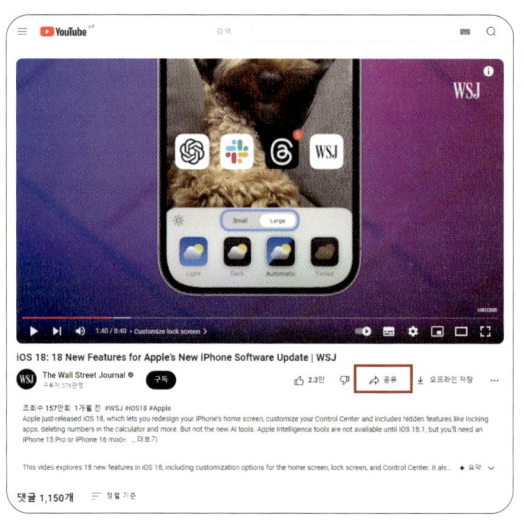

[복사] 버튼을 클릭하면 유튜브 영상이 있는 주소를 클립보드에 저장해 줍니다.

② [AI STUDIOS] 홈페이지에서 [도구] - [소셜미디어 다운로더]를 클릭합니다.

③ 입력창을 클릭해서 커서를 위치시킨 다음 Ctrl + V를 눌러 앞에서 복사한 주소를 붙여 넣은 다음 [다운로드] 버튼을 클릭합니다.

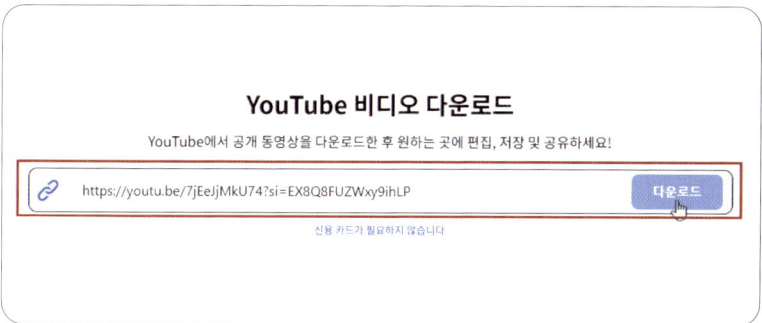

④ 작업이 완료되면 [다운로드] 버튼을 클릭해서 영상을 내려받습니다.

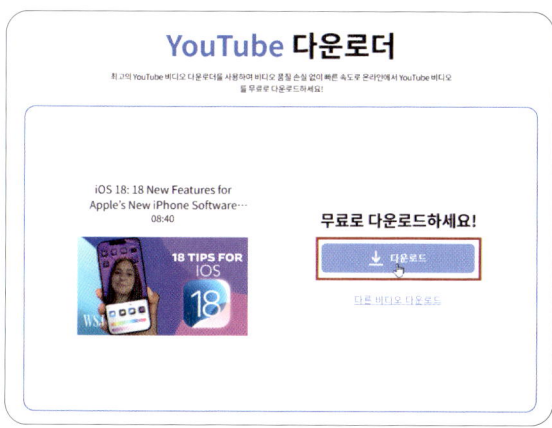

⑤ 윈도우 탐색기에서 다운로드 받은 동영상을 더블 클릭해서 영상을 볼 수 있습니다.

다운로드로 받은 영상은 개인 용도로 사용해야 하며 있는 그대로 온라인에 업로드하는 행위는 저작권 침해에 해당됩니다.

② 동영상 요약해서 짧은 영상 만들기

❶ [AI STUDIOS] 홈페이지에서 [소셜 미디어] - [비디오 하이라이트]를 클릭합니다.

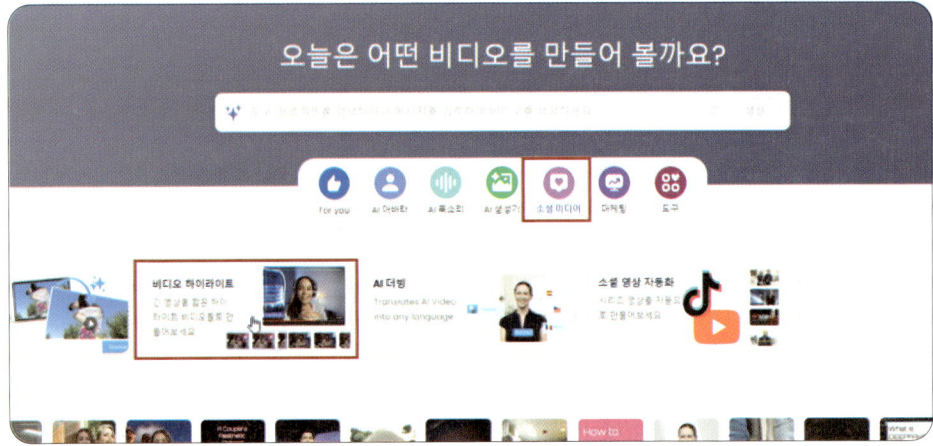

비디오 하이라이트는 긴 영상에서 주요 장면을 자동으로 추출해 숏폼(Short-form) 하이라이트 영상으로 편집해주는 기능입니다.

❷ [파일 업로드] 버튼을 클릭해서 하이라이트를 만들고 싶은 영상 파일을 선택합니다.

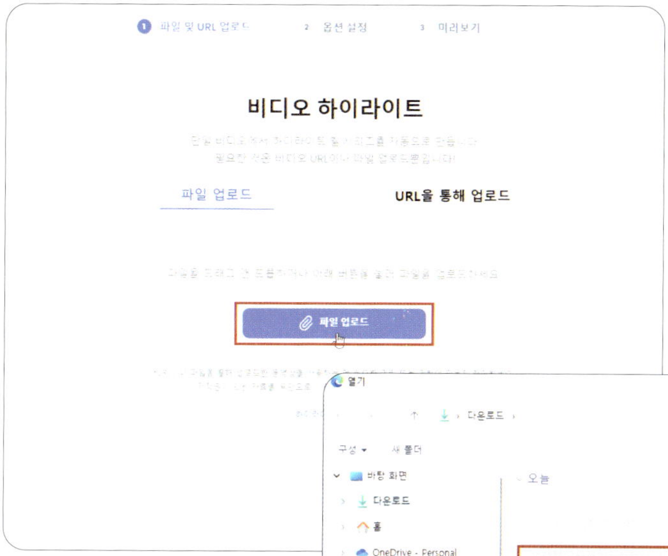

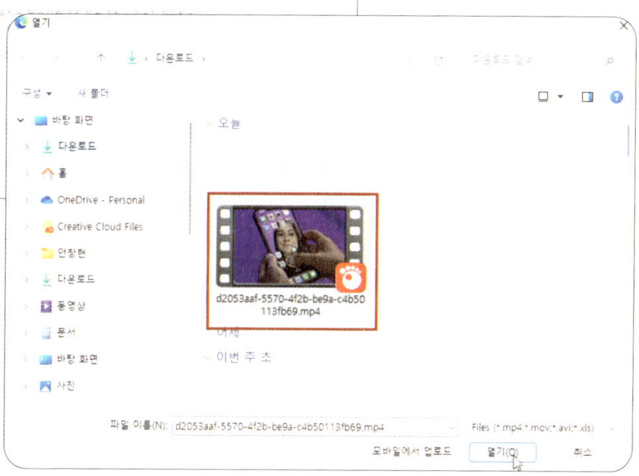

[URL을 통해 업로드] 항목을 클릭해서 동영상이 있는 주소를 입력해서 작업해도 됩니다.

❸ 동영상 파일이 등록되면 [다음] 버튼을 클릭합니다.

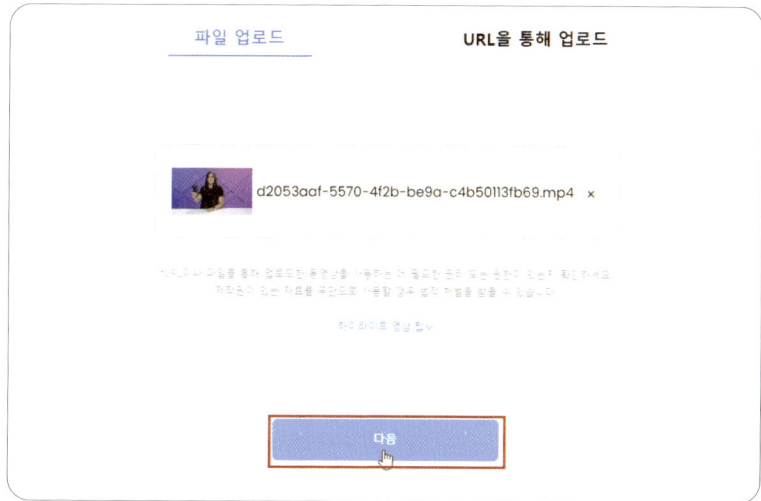

④ 비디오 하이라이트로 만들 영상의 주제를 [목표] 항목에 입력하고 [옵션] 항목에서 값을 설정한 다음 [생성] 버튼을 클릭합니다.

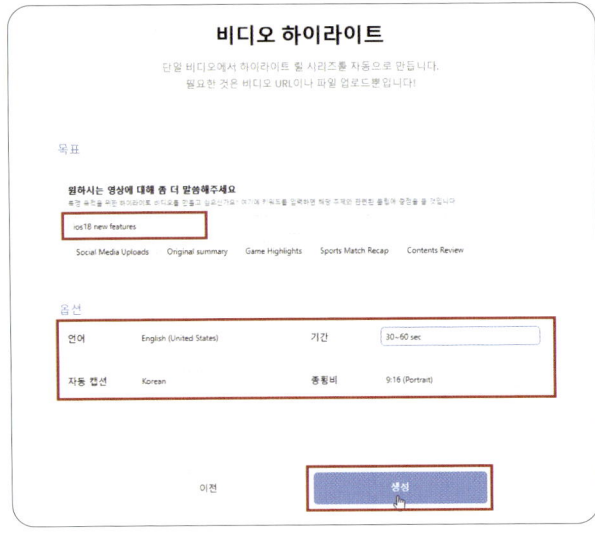

- 언어 : 동영상에 사용된 언어를 선택합니다.
- 기간 : 하이라이트로 만들 동영상 길이를 지정합니다.
- 자동 캡션 : 내레이션의 음성을 텍스트 자막으로 만듭니다. 이때 사용할 텍스트 언어를 지정합니다.
- 종횡비 : 영상 비율을 가로형 또는 세로형으로 선택합니다.

⑤ 영상이 생성되면 [내보내기] 버튼을 클릭합니다.

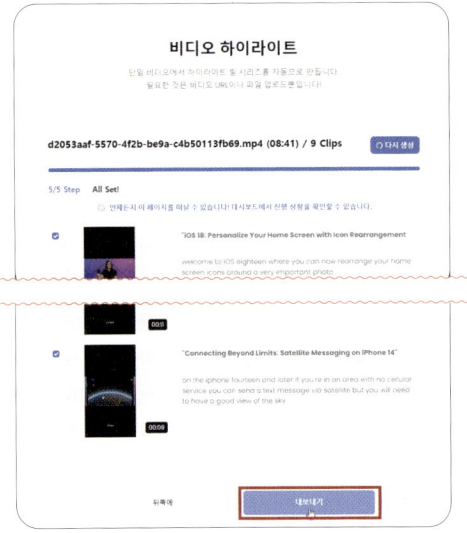

영상 오른쪽에는 원본 영상의 음성을 텍스트로 표시해 줍니다. 이 텍스트는 스크립트 상자에 등록됩니다. 그리고 각 목록의 영상을 클릭해서 미리볼 수 있으며 영상 목록의 체크 상자를 체크 또는 해제하여 하이라이트 생성에 포함 유무를 지정할 수 있습니다.

> (TIP) **비디오 하이라이트 옵션 주의 사항**

비디오 하이라이트 옵션을 설정할 때 [목표]에 하이라이트로 만들 영상의 주제를 입력하면 AI가 입력한 주제에 맞게 하이라이트를 만듭니다. 그리고 [옵션]에서 [언어]에 반드시 동영상에 사용된 언어를 바르게 설정해 주어야 올바르게 하이라이트 영상이 제작됩니다.

⑥ [AI STUDIOS] 홈페이지에서 [프로젝트] 메뉴를 클릭하고 앞에서 제작한 프로젝트에 마우스 포인터를 위치하면 나타나는 [폴더 보기]를 클릭합니다.

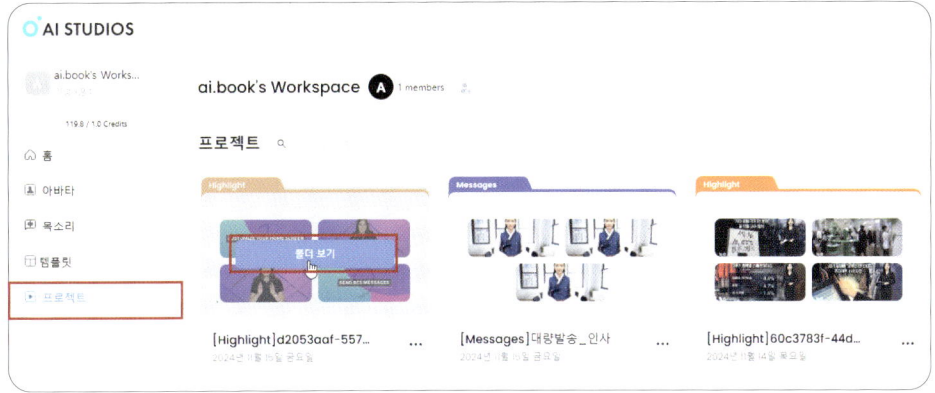

⑦ 생성된 동영상을 클릭하면 동영상을 열어 볼 수 있습니다.

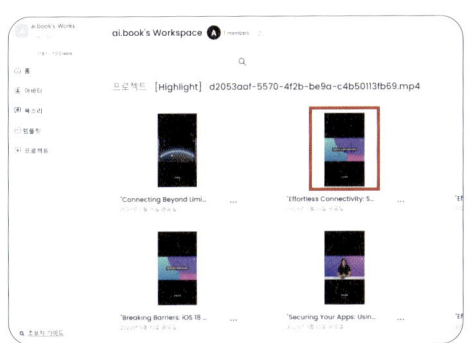
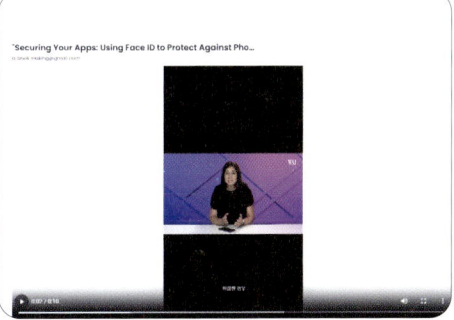

8. 생성된 하이라이트 영상 항목의 … 버튼을 클릭한 다음 [다운로드]를 클릭해서 해당 영상을 다운로드 받을 수 있습니다.

하이라이트로 제작된 영상은 유튜브의 릴스 또는 틱톡 등 숏폼(Short-form) 서비스를 제공하는 SNS에 적합합니다. 이미 등록된 영상을 허가 없이 하이라이트로 제작해서 업로드하는 것은 저작권 침해에 해당하므로 주의해야 합니다.

11. 릴스용 동영상 하이라이트 영상 만들기   205

PART 03
12 여러 개의 영상을 한 번에 손쉽게 만들기

#대량 합성 #텍스트 생성기

어떠한 경우 동일한 폼에 내용만 다르게 여러 개의 영상을 만들고 싶을 때가 있을 것입니다. 이때 사용할 수 있는 기능이 [대량 합성]입니다. 이 기능을 이용하면 [AI STUDIOS]에서 제공하는 템플릿에 내용만 바꾸어서 빠르게 여러 개의 영상을 만들 수 있습니다. 여기서는 생성형 AI로 콘텐츠를 만들고 [대량 합성]으로 여러 개의 영상을 만드는 방법에 대해서 알아보겠습니다.

① [대량 합성] 속성 설정하기

1 [AI STUDIOS] 홈페이지에서 [마케팅] - [대량 합성]을 클릭합니다.

[대량 합성]은 정해진 템플릿에서 내용만 다른 영상을 여러 개 만들 때 사용하는 기능으로 동일한 형식의 콘텐츠를 계속해서 만들 경우 유용하게 사용할 수 있습니다.

❷ 템플릿 중에 사용하고 싶은 템플릿을 클릭합니다.

❸ [편집 가능한 영역 보기] 버튼을 클릭해서 편집 영역을 선택합니다.

녹색 영역은 텍스트 영역, 붉은 색 영역은 이미지 영역입니다. [스크립트]는 내레이션이고 하단에는 장면 표시입니다. 장면을 클릭해서 장면 내용을 확인할 수 있습니다.

④ [대량 비디오 만들기] 버튼을 클릭합니다.

⑤ [샘플 다운로드] 버튼을 클릭해서 엑셀 데이터를 다운로드 받습니다.

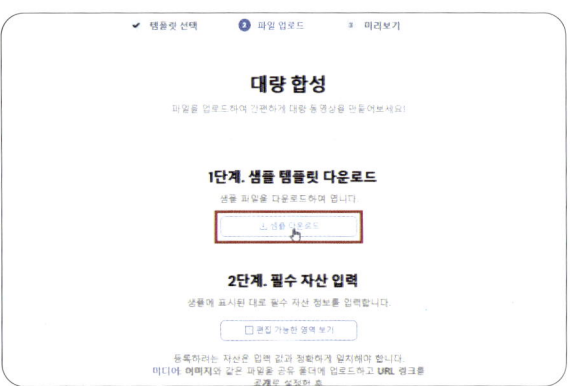

[샘플 다운로드]를 클릭하면 형식으로 구성되어 있는 엑셀 데이터를 다운로드 받을 수 있습니다.

⑥ 다운로드 받은 엑셀 파일을 열면 샘플 자료가 입력되어 있는 문서가 열립니다.

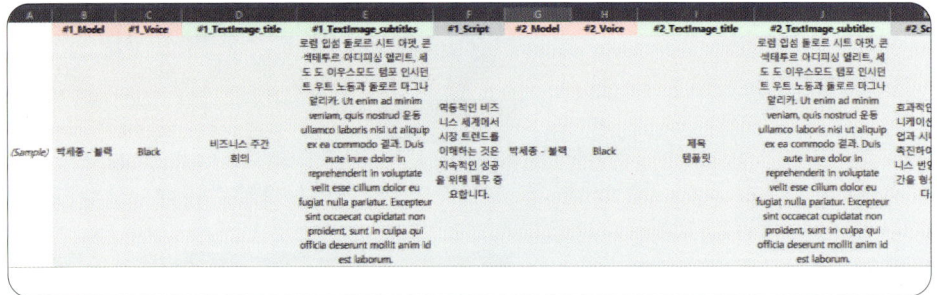

표시가 되어 있는 항목은 장면 표시입니다. #1은 장면 1, #2는 장면 2를 말합니다. Model 은 모델 이미지, TextImage_title 은 제목 타이틀, TextImage_subtitles은 세부 설명글, Script는 내레이션 항목입니다.

② 생성형 AI로 콘텐츠 만들기

❶ [AI STUDIOS] 메인 홈페이지에서 [AI 생성기] - [텍스트 생성기] 메뉴를 클릭합니다.

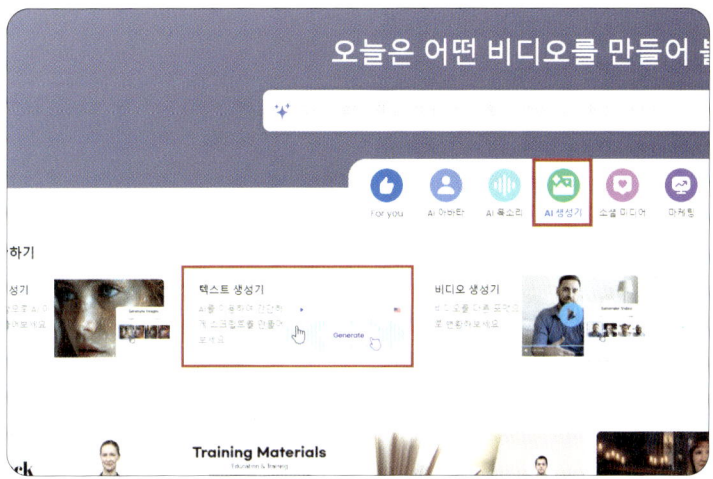

❷ 텍스트 생성기를 이용하여 콘텐츠에 사용할 질문을 넣어서 답변을 구합니다.

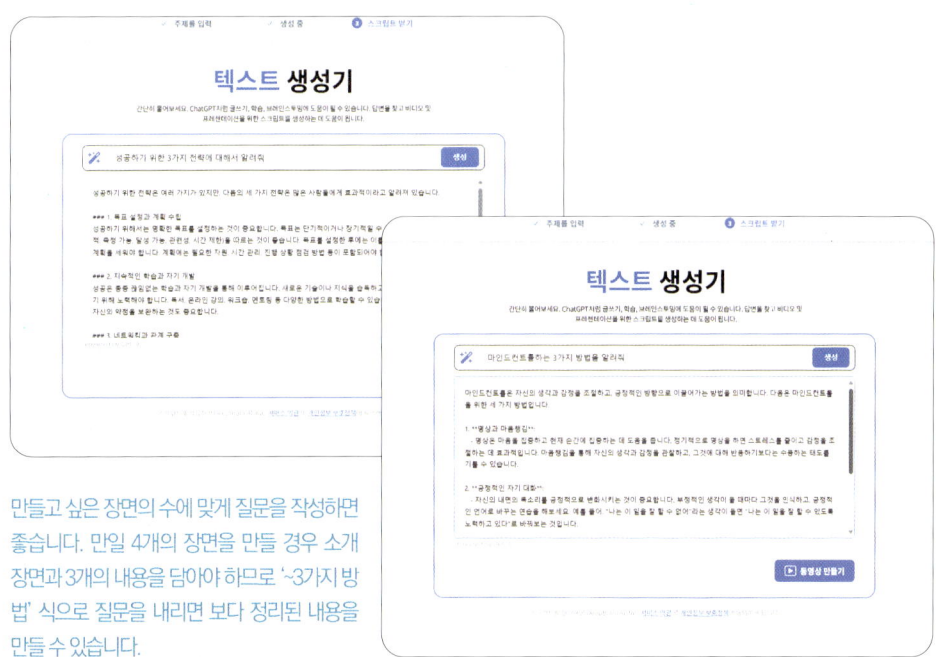

만들고 싶은 장면의 수에 맞게 질문을 작성하면 좋습니다. 만일 4개의 장면을 만들 경우 소개 장면과 3개의 내용을 담아야 하므로 '~3가지 방법' 식으로 질문을 내리면 보다 정리된 내용을 만들 수 있습니다.

❸ 텍스트 생성기로 작성한 내용을 엑셀 항목에 맞게 정리해서 입력합니다.

❹ 정리가 완료되면 엑셀 문서를 저장합니다.

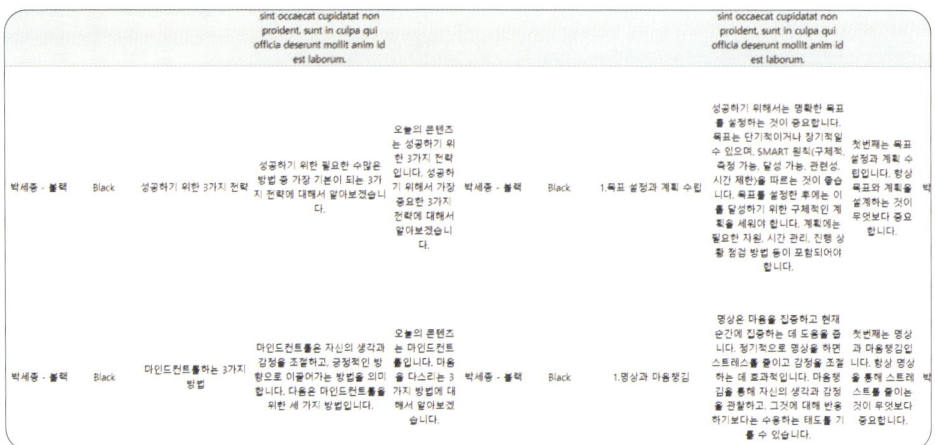

샘플 내용이 작성된 다음 행부터 내용을 항목에 맞게 작성합니다.

③ 대량 합성으로 여러 개 영상 만들기

❶ [대량 합성] 3단계에서 [파일 업로드] 버튼을 클릭한 다음 앞에서 저장한 엑셀 파일을 선택해서 불러 옵니다.

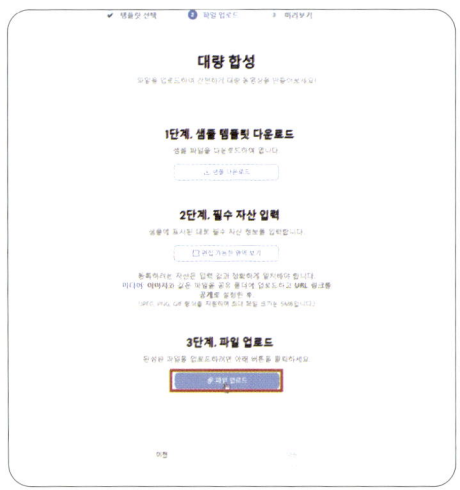
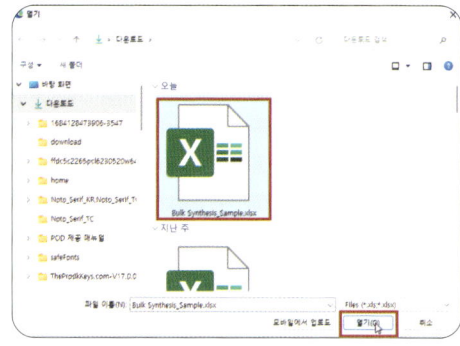

❷ 데이터가 등록되면 [다음] 버튼을 클릭합니다.

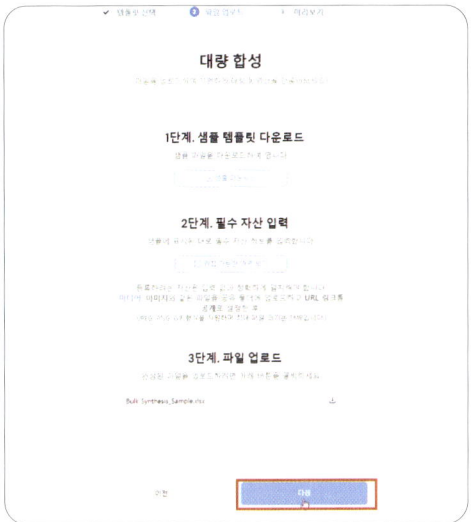

잘못 입력한 엑셀 자료를 업로드하면 오류가 발생합니다.

❸ [내보내기] 버튼을 클릭해서 영상 합성을 진행합니다. [프로젝트] 폴더에 영상이 만들어집니다.

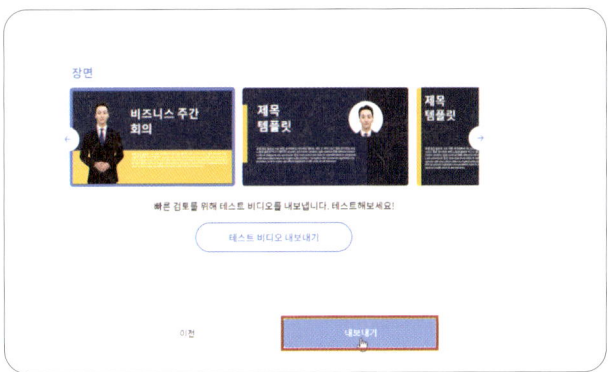

[패스트 비디오 내보내기] 버튼을 클릭하면 내보내기를 실행하여 영상 미리보기가 가능합니다.

PART 03
13 자동으로 매일 경제 상식 영상 만들기

#소셜 영상 자동화

    [AI STUDIOS]의 [소셜 영상 자동화]는 입력된 주제를 바탕으로 동일한 템플릿을 활용해 시리즈 영상을 생성하여 일관된 주제의 숏폼 콘텐츠를 생성하는 기능입니다. 특히 매일, 매주 기간을 지정해두면 지정한 기간에 맞춰 알아서 영상을 만들어 줍니다. 여기서는 [소셜 영상 자동화]를 설정해서 경제 상식 콘텐츠를 매일 생성해 보겠습니다.

① [소셜 영상 자동화] 옵션 설정하기

1 [AI STUDIOS] 홈페이지에서 [소셜 미디어] - [소셜 영상 자동화]를 클릭합니다.

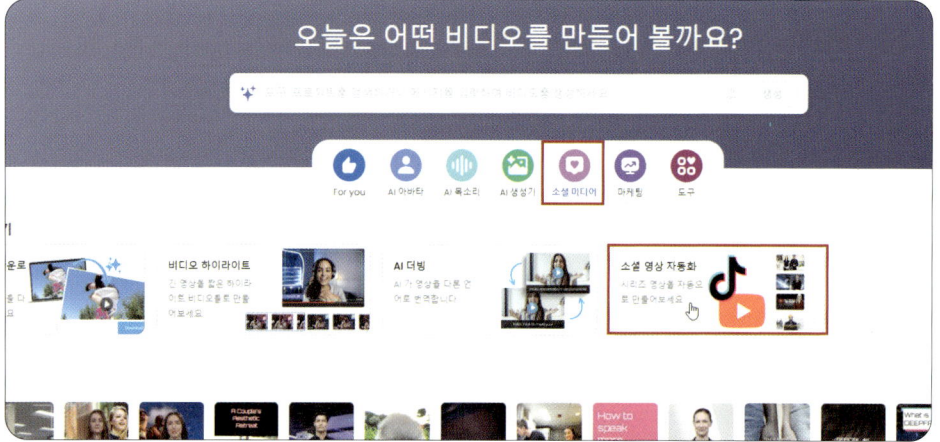

[소셜 영상 자동화]는 관련된 주제의 시리즈 영상을 만드는 기능으로 일정 주기로 영상을 계속해서 생성해야 될 경우 유용하게 사용할 수 있습니다.

❷ [주제 생성]과 [스케쥴] 항목을 작성한 후 [다음] 버튼을 클릭합니다.

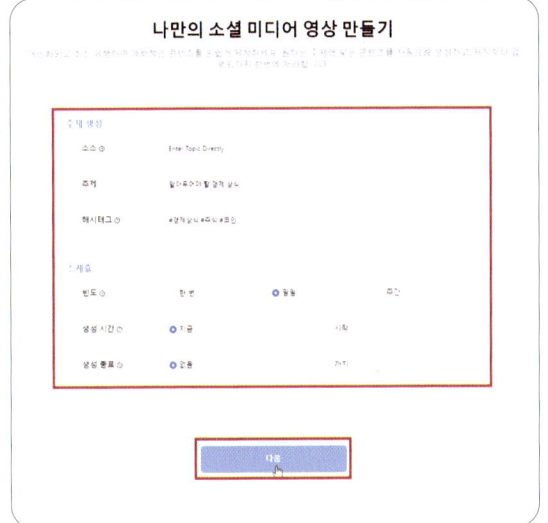

생성하고 싶은 영상의 주제를 지정합니다. 선택한 주제에 맞는 영상이 생성됩니다.

TIP 소셜 미디어 영상 옵션

주제 설정 : 생성하고 싶은 영상의 주제와 해시태그를 입력합니다. [소스] 항목에는 3가지 옵션을 제공하는데 이 중에 하나를 선택해서 주제를 등록합니다.

주제 : Enter Topic Directly : 제작할 영상의 주제와 해시태그를 입력합니다.

주제 : Upload File : 제작할 영상 정보를 입력할 수 있는 샘플 엑셀 데이터를 다운로드 받아서 정보를 입력한 후 파일을 다시 업로드해서 등록합니다.

주제 : Upload via Google Sheets URL : 제작할 영상 정보를 입력한 구글 시트 파일 경로를 지정합니다. 하단에 있는 [Sample sheet] 링크를 클릭하면 항목이 적혀 있는 샘플 구글 시트로 이동됩니다. 샘플 구글 시트를 별도로 저장한 후 저장한 시트 내에 내용을 입력하고, 공개범위를 반드시 '전체공개'로 변경한 후 URL을 등록합니다.

빈도 : 영상을 생성할 빈도를 설정합니다. 일일을 설정하면 지정한 생성 시간에 매일 생성하고, 주간은 매주 생성합니다.

❸ 생성할 영상의 옵션을 설정한 다음 [내보내기] 버튼을 클릭합니다.

- **기간** : 15초, 30초 중 생성할 영상의 길이를 선택합니다.
- **언어** : 생성할 영상에 사용할 언어를 선택합니다.
- **미디어** : 영상에 사용할 이미지 등의 요소의 종류를 선택합니다. 무료(Free stock), 프리미엄(Premium stock), 인공지능 이미지 생성(Generative) 중 선택합니다.
- **아바타 사용** : 생성할 영상에 사용할 모델을 선택합니다.
- **템플릿 선택** : 생성할 영상에 사용할 템플릿을 선택합니다.

② [소셜 영상 자동화] 영상 확인하기

❶ [AI STUDIOS] 홈페이지에서 [프로젝트] 메뉴를 클릭한 다음 생성된 항목에 마우스 포인터를 위치하면 나타나는 [폴더 보기] 버튼을 클릭합니다.

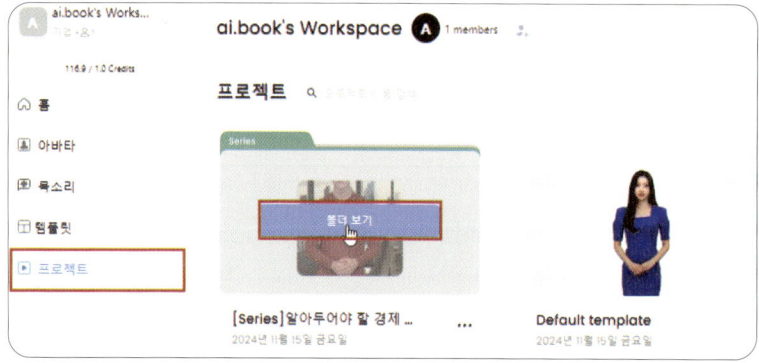

❷ 영상 목록의 ···버튼을 클릭한 다음 [다운로드]를 클릭해서 영상을 다운로드 받을 수 있습니다.

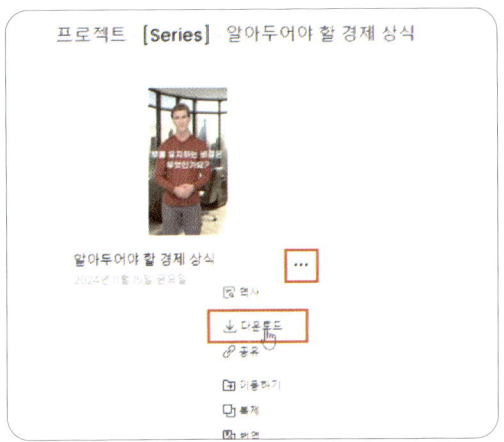

빈도에 설정한 기간에 영상이 자동으로 만들어 집니다. [일일]을 설정했으면 매일 영상이 만들어지고 [주간]을 설정했으면 매주 영상이 만들어집니다.

소셜 영상 자동화는 영상 길이가 15초, 30초 이므로 짧은 영상인 릴스나 틱톡 영상에 유용합니다.

❸ 다운로드를 받은 영상을 열어서 영상 내용을 확인합니다.

❹ [AI STUDIOS] 홈페이지에서 [프로젝트] 메뉴에 접속하면 [Series] 폴더가 만들어진 것을 볼 수 있습니다. 해당 폴더를 열면 자동 생성된 영상을 볼 수 있습니다.

[Series] 폴더 안에 있는 [일정 편집] 버튼을 클릭해서 자동 생성 일정을 변경할 수 있습니다.

[AI STUDIOS]에서 제공하는 메뉴 소개

 For you

AI 더빙
원본 영상의 음성을 다른 언어로 번역 및 립싱크 더빙

➡ p. 140

스크린 레코더
모니터의 영상을 녹화하고 그 위에 웹캠의 영상을 조합하여 영상을 제작

➡ p. 152

Import PPT / PDF
파워포인트 또는 PDF 문서를 영상으로 제작

➡ p. 160

 AI 아바타

크로마키 비디오
단색 배경의 아바타를 이용하여 영상 제작

➡ p. 192

커스텀 아바타
웹캠을 이용하여 내 모습을 AI 아바타로 제작

➡ p. 44

Photo Avatar
이미지를 음성에 따라 립싱크하는 영상으로 제작

➡ p. 130

 AI 생성기

이미지 생성기
텍스트를 입력하면 AI 생성을 이용하여 이미지를 생성

➡ p. 96

텍스트 생성기
텍스트로 질문을 내리면 AI 생성을 이용하여 답변을 만들어 냄

➡ p. 174

비디오 생성기
텍스트를 입력하면 AI 생성을 이용하여 영상을 생성

[AI STUDIOS]는 보다 나은 서비스를 제공하기 위해서 끊임없이 업데이트를 진행하고 있습니다. 그러므로 위에서 소개한 모습과 차이가 있을 수 있습니다.

| 커스텀 아바타  | URL을 영상으로  | 문서를 영상으로  |

웹캠을 이용하여 내 모습을 AI 아바타로 제작

➡ p. 44

홈페이지의 주소를 입력하면 홈페이지 정보를 이용하여 영상을 제작

➡ p. 182

MS 워드, 파워포인트, PDF 문서를 영상으로 제작

➡ p. 166

| 보이스 클로닝  | AI음성 생성기  |

내 목소리를 녹음해서 AI 보이스로 제작

➡ p. 56

스크립트 내용을 AI 음성 파일로 제작

➡ p. 217

AI 음성 제작 서비스

[AI STUDIOS]는 AI 목소리로 텍스트를 음성으로 만들어 주는 서비스를 제공합니다. [AI 목소리]-[AI음성 생성기]를 실행한 다음 텍스트 상자에 스크립트를 작성하고 AI 목소리를 선택하면 AI 목소리로 녹음된 음성 파일을 제작할 수 있습니다. 제작된 음성을 파일로 다운로드 받거나 영상에 바로 활용할 수도 있습니다.

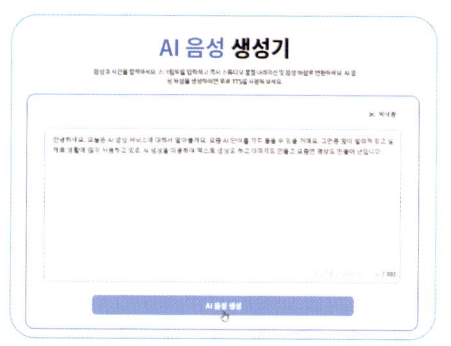

[AI STUDIOS]에서 제공하는 메뉴 소개

소셜 미디어

소셜미디어 다운로더
URL에 있는 영상을 다운로드 받아보세요.

비디오 하이라이트
긴 영상을 짧은 하이라이트 비디오로 만들어보세요.

AI 더빙
AI가 영상을 다른 언어로 번역합니다

영상 URL을 입력하면 영상 파일(MP4)로 다운로드

➡ p. 200

영상의 주요 구간들을 자동으로 검출하여 짧은 클립 영상들로 제작

➡ p. 202

원본 영상의 음성을 다른 언어로 번역 및 립싱크 더빙

➡ p. 140

마케팅

대량 합성
한번에 대량의 비디오를 만들어보세요

문서를 영상으로
Convert PDFs, PPTs, & more to video

영상 메시지
Automate personalized videos

선택한 템플릿으로 다양한 내용의 영상을 한 번에 생성

➡ p. 206

MS 워드, 파워포인트, PDF 문서를 영상으로 제작

➡ p. 166

수신자의 이름이 포함된, 개인화된 영상 메시지 생성 및 이메일 발송

➡ p. 148

도구

오디오 변환기
오디오를 다른 포맷으로 변환해보세요.

스크린 레코더
자신이나 화면, 또는 둘 다를 녹화합니다.

소셜미디어 다운로더
URL에 있는 영상을 다운로드 받아보세요.

음악 파일을 다른 음악 파일 형식으로 변환

➡ p. 219

모니터의 영상을 녹화하고 그 위에 웹캠의 영상을 조합하여 영상을 제작

➡ p. 152

영상이 있는 주소를 입력하면 영상을 다운로드함

➡ p. 200

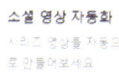

소셜 영상 자동화
시리즈 영상을 자동으로 만들어보세요

원하는 시리즈 영상의 주제를 입력하면 자동으로 영상을 생성

➡ p. 212

URL을 영상으로
URL을 입력하여 비디오를 만들어보세요

홈페이지의 주소를 입력하면 홈페이지 정보를 이용하여 영상을 제작

➡ p. 182

비디오 변환기
비디오를 다른 포맷으로 변환해보세요

음성 또는 영상 파일을 다른 영상 파일 형식으로 변환

➡ p. 219

[AI STUDIOS]에서 제공하는 파일 변환 서비스

● 오디오 파일 변환 서비스

각종 음악 파일을 MP3, WAV, FLAC, WMA, AAC, M4A 음악 파일 형식으로 변환해주는 서비스로 [AI STUDIOS]의 홈 화면에서 [도구]-[오디오 변환기]를 클릭해서 실행할 수 있습니다.

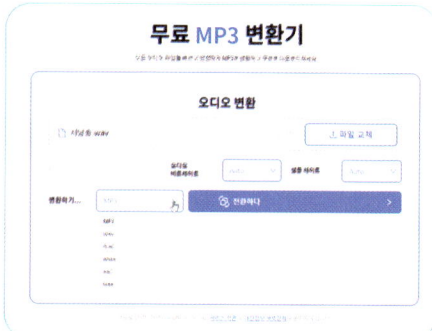

● 비디오 파일 변환 서비스

각종 영상 파일을 MP4, MOV, AVI, MKV, MPG, WEBM, WMV, MPEG, OPUS 영상 파일 형식으로 변환해주는 서비스로 [AI STUDIOS]의 홈 화면에서 [도구]-[비디오 변환기]를 클릭해서 실행할 수 있습니다.

보다 쉽고

보다 빠르게